初期仏教

ブッダの思想をたどる

馬場紀寿
Norihisa Baba

岩波新書
1735

はじまりの仏教

初期仏教の魅力

仏教は、インドで生まれた。

民族を越え、国境を越えてアジア各地に広まり、今や欧米にまで伝わっているこの宗教は、およそ二五〇〇年前のインドで産声をあげた。その原点を探ろうとするなら、古代インドに遡らなければならない。

仏教が誕生した当時のインドでは、すでに牧畜と農耕にもとづく階層化された社会が成立し、ガンジス川流域では都市化が進行していた。貨幣経済も各地で生まれているが、まだ貨幣が統一されず、諸国家が成立しているが、まだ帝国を経験していない時代である。文明といえる水準に達していたが、制度も文化も画一化されていなかった。このような社会で生まれた思想は、今日から見ても独創的である。

本書では、インドの仏教の中でも「初期仏教」の思想について論じたいと思う。それは、我々が資料にもとづいて実証的に明らかにしうる、最も古い時期の仏教である。

冒頭で私は仏教を「宗教」と呼んだが、じつを言うと、この初期仏教が、近代西欧で作られた「宗教」概念に、あるいは我々が抱いている「宗教」の印象に当てはまるのか、はなはだ疑わしい。

まず初期仏教は、全能の神を否定した。ユダヤ教、キリスト教やイスラム教で信じるような、世界を創造した神は存在しないと考える。神々（複数形）の存在は認めているが、初期仏教にとって神々は人間より寿命の長い天界の住人に過ぎない。彼らは超能力を使うことはできるが、しょせん生まれ死んでいく迷える者である。もし「神」を全能の存在と定義するなら、初期仏教は「無神論」である。

神々もまた迷える存在に過ぎない以上、初期仏教は、神に祈るという行為によって人間が救済されるとは考えない。そのため、ヒンドゥー教のように、神々をお祭りして、願いをかなえようとする行為が勧められることはない。願望をかなえる方法を説くのではなく、むしろ自分自身すら自らの思いどおりにならない、ということに目を向ける。

さらに、初期仏教は、人間の知覚を超えた宇宙の真理や原理を論じないため、老荘思想のように「道」と一体となって生きるよう説くこともない。主観・客観を超えた、言語を絶する悟りの体験といったことも説かない。それどころか、人間の認識を超えて根拠のあることを語ることはできないと、初期仏教は主張する。

宇宙原理を説かない初期仏教は、宇宙の秩序に沿った人間の本性があるとは考えない。したがって、儒教（朱子学）のような「道」や「性」にもとづいて社会や個人の規範を示すこともしない。人間のなかに自然な本性を見いだして、そこに立ち返るよう説くのではなく、人という個体存在がさまざまな要素の集合であることを分析していく。

こうした他教だけではない。初期仏教は、日本の仏教ともずいぶんと様相を異にしている。初期仏典では、極楽浄土の阿弥陀仏も、苦しいときに飛んで助けに来てくれる観音菩薩も説かれない。永遠に生きている仏も、曼荼羅《まんだら》で描かれる仏世界も説かれない。

また初期仏教では、修行はするが、論理的に矛盾した問題（公案《こうあん》）に集中するとか、ただ坐禅（只管打坐《しかんたざ》）をするといったことはない。出家者が在家信者の葬送儀礼を執り行うことはなく、祈禱をすることもない。出家者が呪術行為にかかわることは禁止されていた。

初期仏教は、それに代わって、「個の自律」を説く。超越的存在から与えられた規範によってではなく、一人生まれ、一人死にゆく「自己」に立脚して倫理を組み立てる。さらに、生の不確実性を真正面から見据え、自己を再生産する「渇望」という衝動の克服を説く。先の見えない社会状況の中で不安が蔓延している今日、このような初期仏教の思想は、魅力をかえって増しているように見える。本書は、その内容を歴史的に説き明かしたいと思う。

本書が目指すもの

初期仏教の思想を語ろうとする場合、古代インドの仏典を読み解く作業が前提になる。「読み解く」と一口に言っても、この行為には説明が必要である。

聖典一般に言えることだが、仏典には、大きく分けて三つの読解がありうる。第一に、読み手が現代的な視点で自由に解釈する読解。第二に、教団の正統的な教学にもとづく伝統的読解。そして第三に、歴史の文脈のなかで解釈を追究する歴史的読解である。

現代的読解においては、仏典の〝正しい〟読み方はありえない。そもそもテキストは間主観的に存在する以上、一〇〇人いれば一〇〇人の読み方がありえて、無限の解釈に開かれている。もちろん好きなように読んで構わないのだが、そのような読解に立つ限り、どの解釈が正しくて、どの解釈が間違っているという議論は意味がない。あえて言えば、どの解釈が面白いかだけが基準になるだろう。

つぎに、伝統的読解では、教団がある段階で確定した解釈にもとづいて仏典をとらえることになる。スリランカ・東南アジアの上座部仏教《じょうざぶぶっきょう》では、学匠ブッダゴーサ(後五世紀頃)の注釈文献、ダライ・ラマに代表されるチベット仏教のゲルク派では、派祖ツォンカパ(一三五七―一四一九)の作品など、伝統ごとに正統的な理解があり、これら正統的な解釈に沿うのが第二の読解である。

それに対して、第三の歴史的読解とは、仏典を歴史的文脈で読み解く作業である。仏典を資料として批判的に検証した上で、仏典を取り巻く歴史的状況を考察し、恣意的な解釈を慎み、文献学的に正確な読解を目指す。これもまた解釈のひとつだが、資料と歴史という論拠にもとづく理解だという点で、前二者とは立場を大きく異にする。

本書は、この第三の読解を目指している。したがって、仏典の原語や資料批判にもとづかない解釈——そのような本は巷に溢れている——は採らない。次の三つのステップで議論を進めていく。

第一章では、仏教が登場するまでの歴史を紐解く。一見、仏教と関係のない説明が続くが、これは、初期仏教思想を歴史的に理解するために不可欠の知識である。近年、飛躍的に発展しているインド学の成果をふまえ、仏教が誕生するまでの古代インドの社会や思想状況を概観する。第一章の最後では、仏教と他教との関係を示すが、これは本書後半の見取り図となる。

第二・三章では、初期仏教について論じる際に利用する資料について説明する。というのは、「仏典」と言っても、初期仏教時代の仏典が今日そのままの形で伝存するわけではないからである。仏教は故国インドでその伝統が途絶えたために、多くの資料が失われた。手稿が残り、生前に著書が出版されている近代の作家のように論じることはできないのである。

初期仏教を実証的に論じようとするなら、古代インドの言語であるサンスクリット語やパーリ語はもちろんのこと、漢語やチベット語に翻訳された仏典を読解して、原初のすがたを再構成する必要がある。ちょうど宇宙望遠鏡等による解像度の向上とそのデータ解析によって今日の宇宙物理学が宇宙の起源に迫りつつあるように、膨大な労力と時間を費やす資料の解読と分析の末に、ようやく仏教の原像をとらえることができるのである。

そこで、第二章では、思想理解に最低限必要な情報として、初期仏典の歴史を概観する。それをふまえ、第三章では、インド仏教の出家教団諸派が「ブッダの教え」として共有した思想を特定し、それが紀元前にまで遡る思想であることを論証する。

そして、本書後半の第四―六章では、第一章で示した歴史的・思想的状況をふまえつつ、第三章で特定した初期仏教の思想を解説していきたい。仏教と仏教以外の諸思想との関係においいて、思想を読み解くという手法をとる。そのため、ここでは仏教以外の思想にしばしば言及するが、それは脇道にそれているのではなく、仏教思想の歴史的理解に必要な内容であることをご理解いただきたい。

インドの仏教は、これらインドの諸思想との関係において読み解くことではじめて、その歴史的な意味が見えてくる。本書は、この比較作業により、古代インドにおける初期仏教思想の独自性を浮き彫りにすることを目指している。

それでは、初期仏教の世界へ、足を踏み入れていこう。

聞く耳ある者たちに、不死への門は開かれた。

(『律蔵』「大品」)

目次

写真＝大村次郷
作図＝前田茂実

凡　例

仏典の原典からの引用は全てパーリ仏典に依拠し、それと対応するサンスクリット文献や漢訳文献は表にまとめた。「律」については表5(第三章)に、「阿含」については巻末「引用経典対照表」に示している。また、仏典に現れる人名と地名はパーリ語の発音に統一した。

引用の翻訳は全て著者による。先行する日本語訳、英訳、独訳、関連研究書の訳注を可能なかぎり参照した。量が膨大になるので逐一注記できなかったが、拙訳はこれらの翻訳や研究をふまえたものであることを記し、先学の成果に謝意を表する。

引用文中の( )は原語や言い換えによる説明であり、〔 〕は原文の意味を補うために挿入した語句であることを示す。

第1章　仏教の誕生

ゴータマの出家

1　アーリヤ人の社会

仏教が成立するまで

仏教がインドに誕生したのは、紀元前五世紀頃のことである。そのはるか以前に、インドには「ヴェーダ」という聖典を伝承するアーリヤ人社会が成立し、紀元前六世紀頃にはガンジス川流域の都市化が本格化していた。

ブッダとほぼ同じ時期に活動したプラトンの作品を理解するには、ポリスという古代ギリシアの都市国家や当時の思想状況について知らなければならないのと同様に、初期の仏教思想を歴史的に理解するには、先行するアーリヤ人社会と、当時のガンジス川流域社会の状況をふまえなければならない。

そこで本章では、古代インドにおいて仏教が成立するまでの歴史を俯瞰する。まずは時代を大きく遡って、アーリヤ人の社会が成立した歴史から始め（第1節）、ガンジス川流域に都市化が起こった状況と、都市化を背景として生まれた唯物論やジャイナ教などの思想を概観する(第2節)。

古代インド社会を前提として、ブッダの生涯や仏教教団のあり方を見ると、仏教がどのようなものとして歴史上に登場したのかが見えてくる。それは、都市空間において、部族社会から切り離された「個の宗教」として誕生したのである(第3節)。

仏教の出家教団は、誕生直後から、他の思想や信仰と競い合うこととなり、さまざまな議論が交わされていた。そこで、仏教が、バラモン教、唯物論、ジャイナ教と共有した考え方と、逆にそれらへの批判の双方を明らかにし、本書後半の見取り図を示したい(第4節)。

遊牧から農耕へ

アーリヤ人が、馬・牛・羊・ヤギの群れを伴い、馬車を駆って、ヒンドゥークシュ山脈を北から南へ越え、インダス川上流の五河地域(パンジャーブ地方)に到来したのは、紀元前一五〇〇年頃と想定されている。おそらく長い期間をかけて、複数の部族が断続的にインド亜大陸へ進入したのだろう。

アーリヤ人は遊牧民だった。長い移動過程での一時的あるいは定期的な定住により、大麦などの農耕も行っていたようである。当時、インダス文明と呼ばれる先行の都市文化はすでに衰退しており、インダス川流域の村落には農耕を営む先住民が定住していた。アーリヤ人は、先住民とあるいは交流しあるいは対立しながら、この地域に広がっていったと考えられる(藤井正人「ヴェーダ時代の宗教・政治・社会」)。

後藤敏文によれば、「アーリヤ」という言葉は、本来、「部族民の慣習法を身につけた」「行儀作法をわきまえた」という意味であった(「インドヨーロッパ語族――概観と人類史理解に向けての課題点検」)。「アーリヤ人」という概念は、不幸なことにナチスのプロパガンダに利用されたが、ここで取り上げるのはナチスが主張していたような「民族」ではない。

さて、アーリヤ人がガンジス川流域(ガンジス川上流とその支流ヤムナー川に挟まれたドアーブ地方)に進出したのは、紀元前一〇〇〇年頃と想定されている。この地でもすでに先住民が農耕を行っていたものの、いまだ深い森に覆われていたこの流域を本格的に開発し、定住したアーリヤ諸部族が、農耕社会を完成した。

インダス川上流の五河地域に達してからガンジス川流域に進出して国家形成に向かう約一〇〇〇年のあいだに、アーリヤ人は聖典「ヴェーダ」を編纂し、口頭で伝承した。当時、文字はまだ存在していない。ヴェーダはサンスクリット語で伝承された。

サンスクリット語は、インド・ヨーロッパ語族に分類される言語であり、ギリシア語、ラテン語、ペルシア語と基本的な文法構造や多くの語彙を共有する。この言語学的一致から、インド・ヨーロッパ祖語がおそらくカスピ海の北部周辺に存在し、一方は西へ広まってヨーロッパ諸言語を形成し、他方は東へ伝わってイランや北インドの諸言語を生んだと考えられている。ヴェーダの言語は、サンスクリット語のなかでも最古の語形・語法を保っているため、特に「ヴェーダ語」と呼んで、標準的なサンスクリット語と区別することもある。

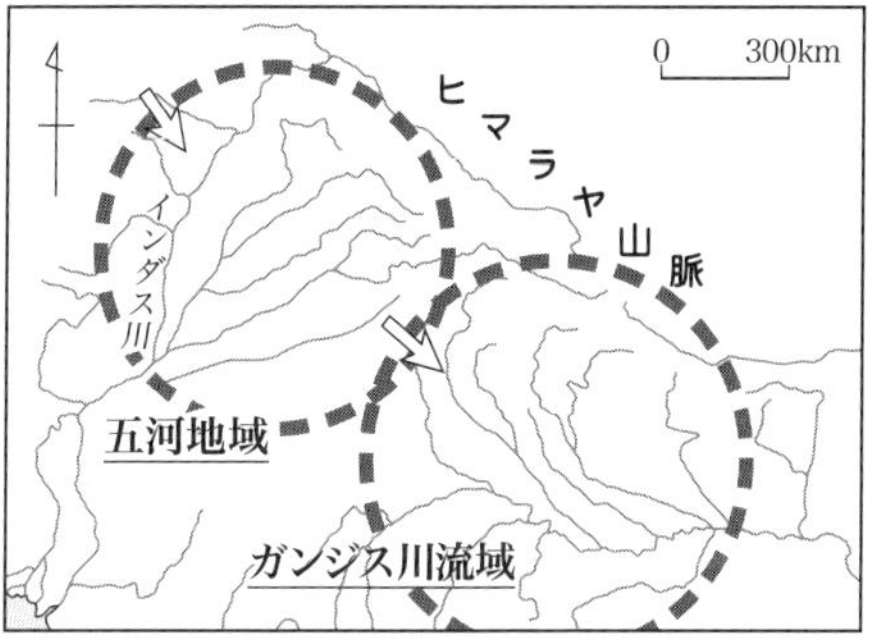

図1　アーリヤ人のインド進出

ヴェーダとは、神祭りにかんする聖典である。『リグ・ヴェーダ』『サーマ・ヴェーダ』『ヤジュル・ヴェーダ』の三ヴェーダ、あるいは、三ヴェーダに『アタルヴァ・ヴェーダ』を加えた四ヴェーダから成る。各ヴェーダは、祭文の集成である「サンヒター」、祭式について解説する「ブラーフマナ」「アーランニャカ」、哲学的思考を展開する「ウパニシャッド」から構成され、おそらくこの順に成立した。

ヴェーダにもとづくアーリヤ人の信仰を一般に「バラモン教」というが、この語は、祭官を意味するサンスクリット語「ブラーフマナ」(S. brāhmaṇa)から作られた英語 Brahmanism の訳語である。バラモンという片仮名表記は、ブラーフマナの漢訳語である「婆羅門」に由来する。

バラモン教では、祭官が、言葉に宿る神秘的な力を発揮する祭式によって、神々を操り、子孫繁栄や家畜増殖、天界への再生などの願望を実現する。祭場には、供物を献じる火、家長の火、振る舞い粥を調理する火という三祭火が据えられ、祭文とともに供物を献じる。祭主は、祭官に依頼して祭式を執行してもらい、かわりに祭官に贈与(布施)をする。

インド史家ロミラ・ターパルが指摘したように、ヴェーダを通して見えるアーリヤ人社会には、富を長期的に蓄積しようという思考はいまだ存在せず、祭官に対する贈与と、儀礼における富の消費を中心とした威信経済で成り立つ部族社会だった。時代が下るにつれて王権の強大化が進んだが、高度な官僚機構と強力な軍隊に支えられた専制王政ではなく、部族王政に留まった。

時間と空間

聖典名の「ヴェーダ」(S. Veda)という語は、「知識」を意味する。アーリヤ人の世界理解を示すこのテキストには、その時間意識と空間意識が表れている。

時間という点では、日・月・季節・年から成る円環の時間が、定期的な祭式によって共有されていた。日ごとの祭式には、朝夕、日の出と日の入りに行うアグニホートラがあり、月ごとの祭式には、新月祭と満月祭があった。

季節ごとの祭式には、春と雨季と秋のはじめにそれぞれ行われる四カ月祭、春には大麦の収穫祭、秋には米の収穫祭があり、ソーマ祭という年ごとの祭式があった。日・月・季節・年ごとに行われるこうした祭式こそが、アーリヤ人社会の時間意識を支えていたのである。実際、ヴェーダにおいては、時間のサイクルは先験的に存在するのではなく、逆に、祭式を行うことによって作られると考えられていた。

農耕を行うには、いつ種を蒔き、いつ収穫すべきかを正確に把握しなければならない。近代社会とちがい、時計や暦がない農耕社会において月や季節の循環を把握しようと思うならば、節目となる「時」を共同体で共有する必要がある。アーリヤ人は、祭式によって身体に時を刻んだのである。

いっぽうアーリヤ人にとって空間は、土地が所有によって区分され、そのなかにさまざまな所有物が存在しているものとして理解される。ヴェーダから見えるのは、集団所有にせよ、個人所有にせよ、牛馬などの家畜や大麦や米といった農作物が所有される社会空間である。祭主は自らの富を捧げて祭式を催し、自らの願望を実現しようとする。究極的な願望は、死後、天界に再生することである。これを「生天《しょうてん》」という。

ヴェーダ学者、阪本(後藤)純子の画期的な研究によれば、ヴェーダの古層であるサンヒターの段階では、家族・部族の共有財産にもとづく「血族共同体」の原理が人間社会や死後の世界に対する考え方を規定していたのに対し、その後に成立したブラーフマナでは、個人原理が打ち出されるようになったという。祭式は、共同体全体が継続的に執り行うものから、特定の個人が主体となって行うものへと変貌していったのである。

しかし、祭式が個人原理にもとづくようになると、個人が供物として献げられる富は限られているため、天界に再生した後に「祭式の効力」が切れることが論じられるようになった。「祭式の効力」が切れてしまうと、天界で再び死ぬことになるからである。

そこで、この「天界における再死」という問題に対する解決策として、ヴェーダの新層であるウパニシャッドでは、宇宙原理ブラフマン(梵)と自己(我)との一致が提示される。自己が個人の属性を捨て、宇宙原理に合一することによって、「天界における不死」が実現するのである。これが、有名なウパニシャッド哲学における「梵我《ぼんが》一如《いちにょ》」に他ならない(『生命エネルギー循環の思想——「輪廻と業」理論の起源と形成』)。

こうしてヴェーダでは、血族共同体の原理から個人原理への移行によって起こった「天界における再死」という宗教的危機を、梵我一如という「不死の共同体」の思想によって乗り越えようとした。「祭式の効力」をめぐるヴェーダ研究によって明らかになったのは、アーリヤ人社会におけるダイナミックな宗教意識の展開である。

アーリヤ人の社会モデル

ヴェーダの成立後、ヴェーダ補助学のひとつとして行為規範を定める文献群(ダルマ・スートラ)が作られ、それらの内容をまとめた法典(ダルマ・シャーストラ)が編纂された。数ある法典のなかでも、その完成度の高さから不動の地位を獲得したのは、おおよそ紀元前後に編纂されたと考えられる『マヌ法典』である。

法典の「法」を意味する語「ダルマ」(S. dharma)とは、宇宙の秩序や人間の行為規範を意味する。『マヌ法典』ができたのは、後述するように、すでに国家が成立し、その下でアーリヤ諸部族社会が再編された時代であるが、ヴェーダに代表されるアーリヤ人の伝統的価値観を維持しようとする立場から、生まれによって定まっている人間の行為規範を詳述し、アーリヤ人社会のモデルを描いている。以下、この法典が描く社会像を整理してみよう。

『マヌ法典』は、行為規範の論拠として、『リグ・ヴェーダ』から継承した世界創造の神話を示す。最高神ブラフマンの頭から、祭式を行う祭官(ブラーフマナ、婆羅門)が生じ、腕から武人(クシャトリヤ)が生じ、腿から生産活動に従事する庶民(ヴァイシヤ)が生じ、足から隷民(シュードラ)が生じたと説くのである。

祭官、武人、庶民、隷民のそれぞれを姓(ヴァルナ)といい、この四つの序列が四姓である。上位三姓に当たる祭官、武人、庶民が「アーリヤ」と呼ばれた。隷民(シュードラ)としてアーリヤ人社会の最下層に位置づけられたのは、おそらく先住民であろう。

四姓は、ヴェーダが編纂された当時は部族社会の制度として機能していたと思われるが、『マヌ法典』が成立した時代には、社会の実態をそのまま反映したものではなくなっていた。四姓は、古代から現代までインドで変わらずに続いてきた社会制度ではなく、法典等を通して、祭官たちの理想的社会像として継承され、反復されてきた言説なのである。

『マヌ法典』によれば、人間には三大負債があるという(四・二五七、六・三五—三七)。①聖仙、②神々、③祖霊への負債である。そしてこれらの負債は、それぞれ①ヴェーダの学習、②

祭官への報酬、③祖霊祭を行うことと直系男子を作ること、によって返済する。こうしてアーリヤ人は、ヴェーダを学習し、祭式を行って祭官に贈与し、祖霊を祭るとともに直系男子に家を継がせることが責務とされたのである。これもヴェーダから継承した思想である。

アーリヤ人（祭官、武人、庶民）の子供は、誕生前の受胎式、そして生まれたときの誕生式ののちも、結髪式などの人生儀礼を経て成長し、入門式において第二の誕生をすると見なされた。生まれたままの汚れた存在としてではなく、ヴェーダを学ぶ真のアーリヤ人に「再生」するのである。そのため、アーリヤ人は、「再生族」（S. dvija）と呼ばれた。

入門式の後は、師匠たる祭官の下でのヴェーダ学習を経て、帰家式を行う。その後、結婚して家長となる。結婚の際に、家庭祭式のための火を設ける。

『マヌ法典』の社会モデルは二重構造をもっており、狭義の再生族社会は、こうした儀礼を経て「再生」したアーリヤ人成人男子のみから成る。再生族は、死後は天界に再生することを願って、祭式を行い、祭官に贈与をする。それに対し、隷民やアーリヤ人女性やヴェーダ学習をしていないアーリヤ人少年はその外部に位置づけられる。

たとえ再生族社会の成員であっても、もし他人の妻との性交や盗みなどの汚れた行為を犯すならば、この狭義の再生族社会から不浄の世界へ転落したとみなされ、浄化儀礼を受けない限り、社会に復帰することはできない。このように、ヴェーダ祭式こそが社会の秩序を維持していたのである。

2　都市化が新思想を生んだ

帝国の周縁で

紀元前五世紀、史上空前規模の帝国がイラン高原、中東、北アフリカ一帯を支配していた。アケメネス朝ペルシアである。ナイル川やティグリス・ユーフラテス川の周辺に広がる穀倉地帯を押さえ、ヒッタイトが発明した製鉄技術を継承したこの帝国は、「王の道」と呼ばれる国道を敷いて連絡網を整備し、各行政区画に総督を置き、「王の目」「王の耳」と呼ばれる監督官を派遣して、高度な官僚制による中央集権体制を築いていた。

アケメネス朝ペルシアの両側には、この巨大な帝国とは比較にならないほど小さな規模の諸国家が、帝国に呑み込まれずに、独立を維持していた。西北にあったのはポリスと呼ばれるギリシアの都市国家、東にあったのはジャナパダと呼ばれるガンジス川流域の領域国家である。

ギリシアでソクラテスやプラトンが活躍したまさにこの時代に、帝国に支配されず、多彩な

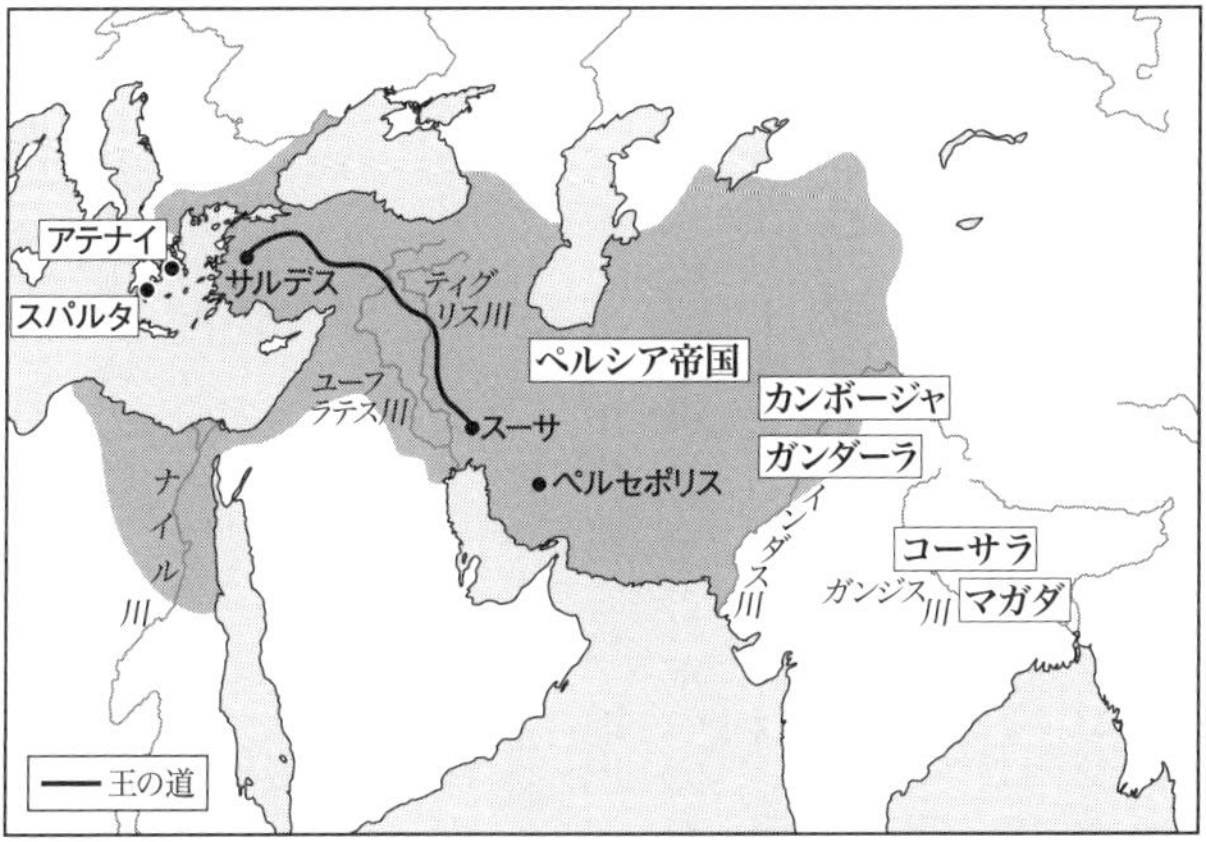

図2　アケメネス朝ペルシアと東西の周縁

小国家が並存していたガンジス川流域でも、多様な思想が花開いた。しかし、帝国のそばで小国家が並存するという危ういバランスはまもなく崩れ、紀元前三世紀、この地域は、アケメネス朝ペルシアの影響を受けて成立したマウリヤ朝によって統一されることになる。長いインドの歴史のなかでも、国家が生まれ、やがて巨大な帝国に統一されるまでのわずか二〇〇年前後しかないこの時期に、仏教は誕生したわけである。

鉄、国家、都市

キュロス二世の下、アケメネス朝ペルシアが成立した紀元前六世紀、ガンジス川流域では開発が急速に進展していた。アーリヤ人農耕社会による安定した食糧供給が人口増加をもたらし、鉄製の斧や犂が本格的に用いられて、密林に覆われていた流域の開発が飛躍的に進んだのである。

ガンジス川流域の肥沃な平野には農地が拡大し、農作物の生産量が増加の一途をたどると、余剰生産物の再分配を行う国家が複数成立した。「十六大国」と呼ばれるそれらの国家のなかには、マガダ国やコーサラ国のような国王の下に高度な官僚制を敷く王国と、マッラ国のような部族の集会による合議制の部族国家とが並存していた。

しかし十六大国にとっても、アケメネス朝ペルシアの存在感はさらに増していた。この帝国は、西方ではギリシアへの侵攻を試みてペルシア戦争（紀元前五世紀前半）を起こす一方で、東方では、インダス川流域にまで進出した。十六大国に挙げられるカンボージャ国とガンダーラ国さえも、帝国に組み込まれたのである。

いっぽう、十六大国のなかでは、ガンジス川の下流域に位置するマガダ国が、しだいに周辺国を征服し、版図を拡大していった。マガダ国には鉄鉱石の産地があり、他国に比べ鉄の武器を大量に生産できたため、優位に立ったのである。マガダ国は拡大を続け、紀元前四世紀頃にはガンジス川中流域全土を支配下に入れることになる。

農耕による余剰生産物は、ガンジス川を交易路として、流域における商業の発展と都市の成立を促した。マガダ国の都ラージャグリハ（王舎城）、コーサラ国の都シュラーヴァスティー

（舎衛城）、カーシー国の都ヴァーラーナシー（波羅奈）などである。ガンジス川には商船が往来して物資の流通を担い、打刻印が押された銀貨や銅貨が各地で流通した。おそらく商人の組合で発行し始め、のちに国家が採用するようになったと考えられる。

ガンジス川流域の交易は、その他の地域とも結ばれていた。ガンジス川流域と、北西インドあるいはインド西岸部との間を隊商が行き交い、さらには、インド西岸部から西アジアへ商船が往来した。ガンジス川流域は、交易を通じて、世界と繋がっていたのである。

当時の社会状況は、ヴェーダに描かれるアーリヤ人社会との相違が目立ちつつあった。仏典の成立については後で詳しく見ることにするが、仏典における四姓はたとえば「王族、祭官、庶民、隷民」の順であって、王族が祭官より先に来ることがほとんどである。こうした表現には、王権の強大化が起きていたことをうかがわせる。

さらに仏典では、「庶民」はしばしば「家長」(S. gṛhapati, P. gahapati)と言い換えられた。「家長」とは具体的には資産家を指している。また、商人や高級娼婦が仏教教団に対する園林の寄進者として登場する。都市では庶民のなかから富裕層が台頭していたのである。

こうした都市の出現と交易の発展、富裕層の台頭を背景として、「沙門」(S. śramaṇa, P. samaṇa)と呼ばれる出家修行者が現れた。彼らは、家庭と労働と所有を放棄し、托鉢によって

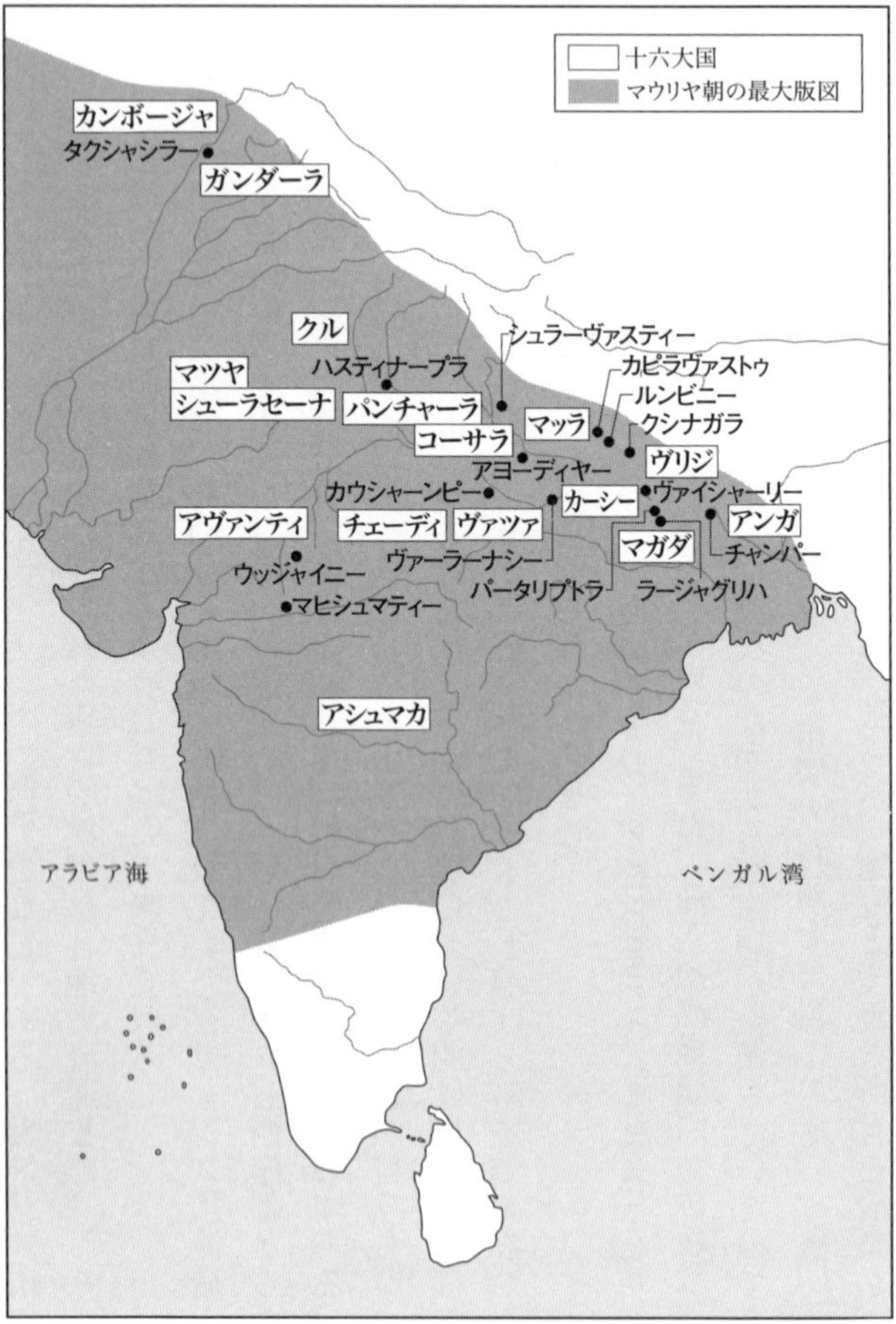

図3　十六大国とマウリヤ朝
（地名表記はサンスクリット語）

生活し、アーリヤ人の伝統的価値観に縛られずに、さまざまな新たな思想を育んでいくのである。

新たな思想の担い手たち

アーリヤ人の伝統的価値観では、ガンジス川流域は不浄な土地だった。しかし、まさにその地から、都市の成立を背景として、虚無主義、唯物論、運命論、懐疑論などを説く思想家たちが現れた。彼らの作品は伝存しないが、仏典にはこうした新思想の担い手たちが記録されている（『長部』二「沙門果経」）。彼らは仏教側から「六師外道《ろくしげどう》」と呼ばれた。

プーラナ・カッサパ（P. Pūraṇa Kassapa）は、生き物を殺しても、他者の所有物を盗んでも、他人の妻と性的関係を持っても、嘘をついても、それによって害悪が生まれることはないし、逆に、布施をしても祭式を行っても功徳はないと主張した。これは、道徳的価値を否定する虚無主義と言える。

アージーヴィカ教（漢訳ではしばしば「邪命外道《じゃみょうげどう》」と呼ばれる）の代表的人物とされるマッカリ・ゴーサーラ（P. Makkhali Gosāla）は、生類は主体性なく運命によって輪廻し、苦や楽を経験すると考え、たとえば投げた糸玉が転がり、ついにはほぐれてしまうように、必ず輪廻の苦は終わると説いた。これは運命論である。

アジタ・ケーサカンバリン(P. Ajita Kesakambalin)は、人間は地・水・火・風の四大元素の集合に過ぎず、死ぬと、四大元素は四散するのみで、死後の生は存在しないと説き、布施は愚者の空言だと断じる。これは要素論にもとづく唯物論である。インドでは唯物論(チャールヴァーカ)または順世派(ローカーヤタ)と呼ばれた思想に当たる。

パクダ・カッチャーヤナ(P. Pakudha Kaccāyana)は、地・水・火・風の四大元素に楽・苦・生命を加えて七要素を主張し、七要素は不変であって、たとえ剣で頭を断ち切っても、七要素の間を剣が通るだけで、命を奪うことにならないと説いた。これも広義の唯物論に分類できよう。

サンジャヤ・ベーラッティプッタ(P. Sañjaya Belaṭṭhiputta)は、死後の世界は存在するか否か、天界や地獄の生類(化生《けしょう》)は存在するか否か、善行・悪行の報いは存在するか否か、如来(後述)は死後存在するか否かといった命題について、そうであるとも思わないし、そうではないとも思わないし、そうではないのではないとも思わないと主張した。これは、懐疑論である。

ジャイナ教

虚無主義、運命論、唯物論、懐疑論と並んで、輪廻からの「解脱《げだつ》」を説く出家修行者たちがいた。その一人が、ジャイナ教の祖マハーヴィーラである。仏典ではニガンタ・ナータプッタ(P. Nigaṇṭha Nātaputta)と呼ばれる。

ジャイナ教の思想では、輪廻があるとされ、人は死後も別の身体に生まれ変わり、再生後にまた死んでも、さらに転生する。霊魂に当たる輪廻の主体が存在するとされ、それは生命を意味する「ジーヴァ」(S. jīva)という語で呼ばれる。

ジャイナ教におけるジーヴァは、バラモン教におけるアートマンとよく似ているが、ウパニシャッド哲学と違って梵我一如のような一元論ではない。あくまで個々のジーヴァはそれぞれ独立して存在することを認めている点で、ジャイナ教は多元論であるとも言える。

ジーヴァが輪廻するのは、「業物質《ごう》」がそこに「流入」(S. āsrava)するせいだとされる。業物質によって自らの主体性を失ってしまっているというのである。そこで、非暴力などの「誓戒」と呼ばれる戒律によってこの流入を遮断し、すでにジーヴァに付着している業物質を苦行で止滅することによって、真の主体たるジーヴァを輪廻から解放する。これがジャイナ教にとっての解脱である。

いっぽう、殺生することや所有することは業物質の流入を招くため、出家者は殺生を完全にやめ、一切の所有を離れなければならない。そのため、出家者は衣服すら持たず、裸で暮らす。出家者に白衣の着用を認める白衣派が後に形成されると、一切の所有を禁じ続ける裸形派との二派に分裂したが、ジャイナ教の出家者が本来裸だったことは白衣派も認めている。

出家者の裸行には、アレクサンドロス大王(三世、前三五六―三二三)すら畏敬の念を起こしたようである。アッリアノス著『アレクサンドロス大王東征記』によれば、彼は、遠征でインダス川上流域のタキシラに滞在中に、「インド人の哲学者のなかでも、常時裸のままでいる一団を目撃すると……彼らの堅忍不抜の自制心に深い感銘を受け、……そのうちから誰かひとりを、自分に同行させたいという強い願望が」生まれ、一人の裸の哲学者を同行させ、「自分の友人」にしたという(大牟田章訳、岩波文庫、下巻)。

所有を認められている在家信者は、こうした出家者を支援し、死んで転生した後のいずれかの生存で解脱できるよう功徳を積む。ジャイナ教は商人階級に支持者を得て存続し、今日もインドで大きな影響力を維持している。信者数はインド全人口のわずか一パーセントにすら満たないにもかかわらず、インド政府の所得税収の約四分の一がジャイナ教徒により支払われている。

3　ブッダと仏教教団

ゴータマ・ブッダの生涯

都市の成立を背景として、こうした新たな諸思想が乱立していた紀元前五世紀頃、ゴータマ・ブッダは、托鉢によって命をつなぎながら、ガンジス川流域の都市や村々を巡って伝道し、各地で支持者を得て、新たに出家教団を作った。仏教の誕生である。

ゴータマ・ブッダ(P. Gotama Buddha)は、「ゴータマという家系名の目覚めた者」という意味のパーリ語による呼称である。サンスクリット語だとガウタマ・ブッダ(S. Gautama Buddha)となる。日本では、伝統的に、釈迦族の尊者を意味する「釈迦牟尼《しゃかむに》」「釈尊」が一般的だったが、本書では、ゴータマ・ブッダという近代西欧の仏教研究で使用されるこの呼称で統一する。

ブッダ(S. P. Buddha)とは、「目覚めた者」「悟った者」「覚者」を意味する言葉である。漢訳では「仏陀」と音写し、略して「仏」とも呼ぶ。「そのようにやって来た者／そのように去った者」「真実に達した者」を意味する「如来」(S. P. Tathāgata)とも、「幸いある者」を意味する「世尊」(S. P. Bhagavat)とも、呼ばれる。
ブッダは、ゴータマ・ブッダに限らず複数いると考えられていたが、初期仏教では、ゴータマ・ブッダが没した後、現在までブッダは現れていないと信じられた。そこで、本書では、仏教の開祖であるゴータマ・ブッダを指して「ブッダ」と記し、ブッダ一般を指す場合は「諸仏」と記す。

さて、ブッダの生没年代は、マウリヤ朝のアショーカ王の即位年である紀元前二六八年頃を基準として、ブッダが没した(仏滅)後からアショーカ王の時代までに経過した年数に言及する仏典の記述から、算定されている。漢訳やチベット訳の仏典にもとづき、前四四八—三六八年頃に想定する仮説と、パーリ仏典にもとづき、前五六六—四八六年頃に想定する仮説があって、決着していない。ともあれ、おおよそ紀元前五世紀前後と考えられている。

歴史的事実としてのブッダの生涯を解明することは現時点では不可能だが、初期の仏典が描くブッダの生涯をまとめると、おおよそ次のようになる(以下、仏典にあらわれる地名や人名はパーリ語の片仮名表記に統一し、必要に応じてサンスクリット語の片仮名表記を括弧内に示す)。

ブッダはヒマラヤ山麓にいた釈迦族のゴータマ家系の出身である。初期仏典には、彼の個人名は見出せない。シッダッタ(シッダールタ)という個人名は、後代の文献にはじめて現れる。

彼は、カピラヴァットゥ（カピラヴァスト ゥ）を都とする釈迦族の小国に、スッドーダナ王を父とし、マーヤー妃を母として生まれた（『長部』一四「大譬喩経」）。結婚して、ラーフラという男子に恵まれた。初期仏典には、妻の名は見出せない。

しかし、「自ら生まれるものでありながら、生まれるものを求め、自ら老いるものでありながら、老いるものを求め、自ら病めるものでありながら、病めるものを求め、自ら死ぬものでありながら、死ぬものを求めている」ことに疑問を感じた（『中部』二六「聖求経」）。

そして「二九歳で善とは何かを探求して出家した」（『長部』一六「大般涅槃経」）。アーラーラ・カーラーマ、さらにウッダカ・ラーマプッタという指導者の下で禅定《ぜんじょう》（瞑想）を学んだが、その教えに飽き足らずに去った。ついで五人の出家者とともに苦行をするが、六年を経て苦行は悟りに資さないと知り、苦行をやめ、マガダ国のウルヴェーラーのセーナー村にあった菩提樹の下で坐禅し、悟りに達し、「ブッダ」（目覚めた者）と成った（成仏）。三五歳のときである。

その伝道の旅については第三章に譲るとして、ブッダの活動範囲はガンジス川流域だった。支援者は多岐にわたるが、とくに出家教団への土地の寄進者を挙げると、竹林精舎（王舎城に所在）となる園林を寄進したマガダ国のビンビサーラ王、祇園精舎（舎衛城に所在）となる園林を寄進したコーサラ国の商人のアナータピンディカ、さらに商業都市ヴェーサーリー（ヴァイシャ

図4　成仏

ーリー）の高級娼婦であるアンバパーリーらがいた。その顔ぶれから、ガンジス川流域の都市に生まれた新興階級が主要な支援者だったことがわかる。この地の都市化が教団の活動を支えていたのである。

ブッダの下で出家した弟子には、王族やバラモン祭官、資産家出身者や上述の思想家たちの教団の出家者だった者が多いが、理髪師であったウパーリや、殺人を犯した罪人だったアングリマーラもいた。女性の出家を認めたのは、古代インドでブッダが最初である。

四五年にわたる伝道活動の後、ブッダはマガダ国の都ラージャガハ（ラージャグリハ）から最後の旅に出発し、世話係のアーナンダとともに街や村を巡りながら、ヒマラヤ山麓の方角へ北上した。鍛冶工チュンダが喜捨した食事を食べた後に、下痢を患い、故郷のそば、クシナーラー（クシナガラ）という村で没した。最後の言葉は、

形成されたものは、滅することを性質とする。怠ることなく成し遂げよ。

（『長部』一六「大般涅槃経」）

だったという。八〇年の生涯だった。

在家信者

初期のバラモン教と仏教との決定的相違のひとつは、選択可能な宗教だったか否かという点にある。バラモン教は、元来、アーリヤ人社会の祭式を中心とした生活や文化や知の総体であって、現代社会における「宗教」のように特定領域に限られた存在ではなかった。

それに対して、先にも述べたように十六大国の時代は、諸思想が乱立している百家争鳴の状況にあった。この時代のガンジス川流域では、バラモン祭官でさえも批判にさらされ、相対化されている。仏教は、バラモン教や新思想の担い手たちと競合して、人々の支持を勝ち取らな

ければならない状況の中で始まったのである。

仏教が教団をもっていたことも、バラモン教との大きな相違である。しかし、ここでいう「教団」とは、現代社会における宗教団体とは大きく異なる。次に述べるように、仏教やジャイナ教の教団とは、出家者の自治組織であって、在家信者はまったく組織化されておらず、信者の資格を剥奪されるということもなかった。

男性の在家信者は優婆塞《うばそく》(P. upāsaka)、女性の在家信者は優婆夷《うばい》(P. upāsikā)と呼ばれる。彼/彼女ら在家信者に対しては、「五戒」や「八斎戒」という行動様式を身につけて暮らすことや、出家者・出家教団への布施が奨励されるが、決して強制ではなく、義務や罰則は一切ない。仏典で示される在家信者の生活指針は、バラモン教における家長の生活規定と大差はない(土田龍太郎「初期仏教家族倫理と婆羅門法」)。

仏教特有の在家信者の条件は、「三宝」に帰依をしていることである。在家信者が仏教への信仰を表明する際には、この三宝、すなわち①ブッダ(仏)と、②教え(法)と、③出家教団(僧)に対する帰依(三帰依)を唱える。

仏典では、祭式行為よりも出家教団への寄進、それよりも三宝への帰依、それよりも五戒の功徳が多いと説いて、バラモン教に対する仏教の優越性を訴えている(『長部』五「クータダンタ経」)。

出家教団

仏教の教団を示す言葉は、「サンガ」(P. saṃgha) という。「集団」を意味するこの語は、漢訳では「僧伽《そうぎゃ》」または「僧」と音写された。

古代インドでは、もともと部族合議制の国家があり、サンガまたはガナと呼ばれていた。十六大国のうち、先にもふれたマッラ国などはそうした国だった。これらの部族国家では、有力者による共同統治が行われていた。彼らはしばしば集会を開いて多数が集まり、共同で行動した。ゴータマ・ブッダの出身部族である釈迦族も、王を戴きながら、衆議によって国政を営んだと考えられる。

都市では、商人や職人のあいだに組合が作られていた。第2節で取り上げた思想家たちも教団を有しており、それらもサンガとかガナと呼ばれていた。部族合議制や組合や他教団の存在を知り、おそらくそれらに倣って、仏教もサンガという教団を形成したのであろう。仏教では、サンガは「四人以上の出家者の集団」を指すため、本書では「出家教団」と訳す。

出家者には、正式な出家者である男性出家者と女性出家者がいる。前者は比丘《びく》(P. bhikkhu)、後者は比丘尼《びくに》(P. bhikkhunī)と呼ばれる。いずれも「托鉢修行者」を意味する呼称である。二〇歳以上でなければ、比丘・比丘尼になることはできなかった。正式な出家者には、「波羅提《はらだい》木叉《もくしゃ》」(P. pāṭimokkha)と呼ばれる罰則付きの生活規則が課される。

波羅提木叉の規則の総数は、比丘か比丘尼か、また出家教団のどの派に所属しているかによって異なるが、おおよそ二〇〇―三〇〇条台に上る。たとえば、後に述べる上座部《じょうざぶ》大寺派《だいじは》という部派では比丘が二二七条、比丘尼が三一一条である。

罰則には、死刑や肉体的苦痛を与える刑はない。出家教団からの永久追放が最も重い処分であり、期限付きの出家者資格停止がそれに次ぐ。性交・窃盗・殺人を犯したり、悟ったという虚言を弄すれば、出家教団から永久に追放された。

出家者の見習いとして、男性の沙弥《しゃみ》(P. sāmaṇera)、女性の沙弥尼《しゃみに》(P. sāmaṇerī)と式叉摩那《しきしゃまな》(P. sikkhamānā)がいる。例外はあるが、どちらも原則として一五歳以上である。出家者の見習いには、比丘や比丘尼の生活規則は課されない。見習いの期間は、「沙弥戒」または「沙弥尼戒」と呼ばれる一〇条のみの戒を守り、正式な出家者の一人を師として、その指導・監督下で生活する。

出家者は、衣や鉢などの生活必需品以外には所有せず、一切の生産活動や経済活動から離れて、在家信者からの施しによって生活する。衣は下着・上着・袈裟(三衣《さんえ》)のみ、食は、他者からの施しに依存し、一日一度の托鉢を原則とする。貯めておくことは許されなかった。家を持たないため、雨季の期間の定住(安居《あんご》)を除くと、基本的に遍歴(遊行《ゆぎょう》)して暮らす。出家教団の共有物を利用できるなど、さまざまな便法によって貨幣経済の恩恵に浴しているのだが、直接は貨幣に触れず、売買に関わらない。個々人としてはあくまで所有から離れるという意味で、貨幣経済から距離を置いていた。

家を出て独身になるため、部族社会の構成員ではなくなる。働かず、税を払わず、定住しないため、国家の統治を直接は受けない。

それに代わって、出家者は、出家教団という自治組織に入ることになる。出家教団は、「律」(P. vinaya)で定められた出家者の生活規則と出家教団の運営方法にもとづき、合議により運営された。出家教団が分裂状態に陥った場合のような例外を除いて、国家が出家教団に介入することはなかった。

男性と女性の出家者は一緒に暮らすことはできず、男性のみの出家教団と女性のみの出家教団に分かれている。女性の出家教団は、男性の出家教団に対し従属的な関係にあったが、日常的には自治を行っていた。女性は、男性と同等に、解脱が可能だと考えられ、修行者としての資質について両性間に差別はなかった。

出家教団には、出家教団全体を指す場合と、個々の自治組織を指す場合がある。三宝のひとつとしての出家教団は前者であり、儀礼や会議を実際に担う出家教団は後者である。

後者の出家教団には、「界」(P. sīmā)と呼ばれる、自治の単位の境界が定まっていた。この「界」を定めることが「結界」の本来の意味である。境界内にいる出家者が個々の出家教団の構成員であり、境界をもった個々の出家教団ごとに儀礼や会議が行われる。

出家教団には、出家した順に決まる序列はあるが、それは礼儀作法上のものにすぎない。正式な構成員である比丘・比丘尼になると、全員が同等の資格をもつ。

「律」によれば、教団を統率し、特別な決定権をもつ僧院長や法王のような存在はなかった。あらゆる案件が、構成員全員が出席する会議で決定される。出家教団を独裁的に支配し、構成員に不法な命令を出すような存在が現れないように制度が設計されているのである。

正式な出家者は、月に二回、新月の日と満月の日に、波羅提木叉を唱えて出席者全員で確認する「布薩《ふさつ》」(P. uposatha)という儀礼には必ず出席しなければならなかった。また、先にふれたように「安居」(P. vassāvāsa)といって、雨季の三カ月間は特定の出家教団のもとに定住しなければならなかった。

こうした必ず参加しなければならない儀礼を除くと、生活規則を破らない限り、広範囲の自由が出家者に許されていた。出家者は、基本的に遊行して生活し、時期に応じて、各地の出家教団で行われる儀礼に参加しさえすればよかったのである。

初期仏教における出家教団は、ローマ・カトリックのような中央集権的な体制ではなかった。境界の定まった個々の出家教団は出家者の自治によって運営されるが、これら無数にあったであろう出家教団の全体は、組織化されていない。

出家教団の「律」を国家の法律に喩えるとするならば、それは地方裁判所のみがあって、高等裁判所も最高裁判所も存在しないような状態で運用されている。しかも、各地方裁判所には裁判長がおらず、出席者の合議で判決が下るのである。

バラモン教の教育システムから見ると、情報伝達という点で仏教の出家教団には大きな意義があった。従来のアーリヤ人社会においても、親による子の教育は当然あったし、祭官の下で学ぶという師弟関係による教育もあった。しかし、ヴェーダを全ての人に教えるということはなかった。女性や隷民に教えることは許されなかったのである。

それに対し、仏教の出家教団には、出家者の生活規則を除けば、仏典を一般の人々に教えることを禁じる禁則はなかった。ブッダは「教師の握り拳」を否定したという記述が仏典にはあるが（『長部』一六「大般涅槃経」）、これは秘密の奥義の否定を意味する。ブッダの教えは、特定の階級、特定の人種、特定の人物に限定されたものではなく、あらゆる人々に開かれたものだったのである。

ブッダが亡くなった後、人々はブッダに直接会うことはできなくなったため、ブッダとその教えは、出家教団による口頭伝承を通して知られるようになる。出家教団によって、「仏」と「法」が人々に現前するという意味で、出家教団そのものが新たな媒体だったのである。

4　ブッダのインド思想批判

生天信仰の受容と批判

ブッダは、突然新たな思想を作ったのではなく、当時用いられていた言葉や概念を使って、教えを説いた。仏教の語彙や思想を他教と比べてみるならば、両者の間には共通するものが多々ある。

そして、そうした共通点をふまえたうえで、両者の相違に着目すると、仏教が他の教えをどのように組み替えたのかも明らかになる。生天信仰は、その典型である。バラモン教が祭式による天界への再生を目指していたことは先に述べたが、これに対し、仏教は、贈与(布施)とよい習慣(戒)による天界への再生を説く(第四章参照)。

バラモン教と同様、仏教は神々が暮らす天界を階層的な世界としてとらえている。しかし、バラモン教においてブラフマンは最高神に位置づけられるのに対し、仏教では、ブラフマンは天界のなかでも中程度の位置に暮らしていると見なすうえに、そもそも神々は人間同様永遠不変ではなく、輪廻する存在に過ぎないと説く。さらに仏典では、類いまれなユーモアでもってブラフマンを信じるバラモン祭官を揶揄している。

ブッダは、ブラフマン神のいる天界(梵天界《ぼんてんかい》)に生まれ変わる道を説く祭官に対して、ブラフマン神を見た者はいるのかと尋ねる。三ヴェーダに通じる祭官たちのなかに、そしていにしえの師たちのなかに、ブラフマンを実際に自分の目で見た者はいるのか、と。いないと答えた祭官に、ブッダはこう告げる。それは、「私は美しい女性を愛している」と言いながら、その女性について容姿も名前も知らない男のようなものだ(『長部』一三「三明経」)。

そして、ブッダは、祭官たちが執行する祭式に代わって、梵天界に生まれ変わるための「四《し》梵住《ぼんじゅう》」という瞑想を教える。四梵住とは、「一切を自己として」すなわち一切の生類を自己と同様だとみなして、慈しみ(慈)、憐れみ(悲)、喜び(喜)、平静(捨)な無量の心で四方を満たすことである。「無量の心」だから、四梵住は「四無量心」とも呼ばれる。

バラモン教のウパニシャッド哲学では、ブラフマンに自己が合一する「梵我一如」によって梵天界への到達を説いていたのに対し、仏教は梵我一如を「一切を自己として」という表現で継承しつつ、それを「利他《りた》」の心に転換している。梵天界に生まれ変わるのは、祭式によってでもなく、梵我一如によってでもなく、利他心の修養によってなのである。

さらに、別の仏典では、仏弟子のサーリプッタが、梵天界に生まれ変わることを望む祭官に四梵住を教えるが、ブッダはサーリプッタに、梵天界に生まれる以上になすべきこと、つまり「解脱」があるのになぜ教えなかったのかと、ほのめかす(『中部』九七「ダナンジャーニ経」)。これは、バラモン教に対する二重の批判である。

つまり、第一に、祭式でも梵我一如でもなく、利他心の修養によって梵天界に達すると説くことである。第二に、その梵天界よりもさらに重要なことがあるという批判である。

仏典では、祭官がしばしば仏教の批判者として登場し、仏教の出家者たちを「黒ん坊」「禿げ頭」と誹謗している。事実、ヴェーダの伝統的価値を認める人々から、仏教はしばしば唯物論とともに批判され、「虚無主義者」(S. nāstika)とか「隠れ唯物論者」(S. pracchannacārvāka)だと呼ばれた。このことは、インド社会で、仏教が唯物論に次ぐ異端思想に位置づけられていたことをよく示している。

要素論・解脱思想の受容と批判

唯物論は存在を諸要素に分析する思考を展開し、ジャイナ教は苦行による輪廻からの解脱を主張した。仏教も、すでに存在していた要素論や解脱思想を採用しているのだが、それらを別の思想に組み替えている。

人間が諸要素の構成体に過ぎないという思想を唯物論と共有しつつ、唯物論と違い、仏教は「渇望」によって自己が再生産される過程を説いた（第五章参照）。また、仏教は輪廻からの解脱という思想をジャイナ教と共有しつつ、ジャイナ教が説く苦行を斥け、解脱する「主体」を認めなかった（第五・六章参照）。

唯物論者やジャイナ教徒に対して、仏教は手厳しい批判を加えた。仏典は、新思想を唱えた先述の六人の教えをみな斥ける（『長部』二「沙門果経」）。それぞれ教団を統率するこの六人は、ブッダと違って、弟子たちに尊敬されておらず、その教えが罵られているという（『中部』七七「サクルダーイ大経」）。

また、こうした「六師外道」で修行していた者が回心して仏教教団で出家することを希望した場合、仏教の側では慎重に処遇した。四カ月間、出家教団で共に暮らし、その者が他教の信仰を捨てているかどうかを観察した。そして、正しい出家生活を送られることが確認できてはじめて、正式な出家者となることが許されたのである。

なかでも、仏教と同様に解脱を説くジャイナ教は、仏典でしばしば批判される。たとえばブッダは、苦行によって業を滅するジャイナ教の思想を要約したうえで、その間違いを論じる(『中部』一四「苦蘊小経」、一〇一「デーヴァダハ経」)。ジャイナ教の祖ニガンタ・ナータプッタ(マハーヴィーラ)は、禅定に親しむ仏教の在家信者に発言の矛盾を突かれる(『相応部』四一・八「ニガンタ経」)。

また別の仏典は、ニガンタ・ナータプッタの死後、ジャイナ教が二派に分裂して論争し、弟子たちの間で殺戮が蔓延したのは、その教えが解脱に資さない証しだと説く(『長部』二九「浄信経」、三三「結集経」)。これが、前述の実際に起こった裸形派と白衣派との分裂を指すのかどうかはわからない。しかし、ここで重要なのは、ジャイナ教の分裂にかこつけて、ジャイナ教は「解脱に資さない」と明言していることである。

このように、仏教は、天界への再生を目指す生天論、人間は諸要素の集合に過ぎないと考える要素論、輪廻からの解脱を目指す解脱論を説いた。ただ、それらはすでにバラモン教、唯物論、ジャイナ教で説かれていた。これらのいずれも仏教が独自に作った思想ではない。

しかし同時に、仏教は、バラモン教に対しても、唯物論やジャイナ教に対しても批判を展開し、それらとは異なる生天論、要素論、解脱論を構築した。では、仏教の思想にはどんな特徴があるのだろうか。

この問いについては、本書の後半で考えていきたい。その前にまず、第二章と第三章では、この仏教のはじまりの姿をとらえるために、どのような手がかりがあるのかを検討していこう。

第2章　初期仏典のなりたち

ブッダの象徴としての法輪

1　仏教の変容

「初期仏教」の定義

仏教は誕生後四、五〇〇年の間に、南アジア各地に伝播して、この地域を代表する宗教に成長していった。発祥の地であるガンジス川流域から大きく飛躍した仏教には、紀元前後になると重大な変容が起こった。この変容は、南アジアと西方との関係が影響している(第1節)。

本書では、この変容以前の仏教を「初期仏教」(英語ではEarly Buddhism)と定義する。これまで、「原始仏教」という概念がしばしば紀元前三世紀以前の仏教を指して用いられてきたが、紀元前三世紀以前の仏教について確実にわかっていることはほとんどないため、この概念は用いない。

紀元前五世紀前後に興ってから、イスラームの到来によって決定的に衰退へ向かう後一三世紀までのインド仏教史を大きく「初期」「中期」「後期」という三つの時期に区分するならば、紀元前の仏教が「初期仏教」に当たる。そのような前提のうえで、本書は、「初期仏教」という概念を用いる。また、初期仏教時代の仏典を「初期仏典」と呼ぶ。

では、紀元前後の「変容」とは何だったかといえば、そのひとつとして挙げられるのは、口頭で伝承されていた仏典が書写されるようになったことである。今日、我々が目にする印刷物でも電子データでもなく、写本ですらなく、口頭で伝承されたテキストだったということは、紀元前の仏典を理解するうえで、いくら強調しても強調しすぎることはない。先行研究の成果をふまえて、口頭伝承時代の仏典の特徴を説明する（第2節）。

口頭で、また後には書写して、仏典の伝承を担ったのは、「部派」と呼ばれる出家教団の諸派である。部派の仏典を通さなければ、初期仏教の思想を知ることはできない。そこで、諸部派における仏典体系の形成過程について説明する（第3節）。

仏典編纂の歴史は、インド仏教史の研究において非常に重視されている問題だが、ここで各部派の仏典伝承を俯瞰するのは、これらの部派が相違を生み出していく歴史を知るためではない。逆に、諸部派の多様性を越えて「ブッダの教え」として伝承されていたもの――いわば諸部派に通底する、共通の核としての原初の内容――を取り出すための作業にほかならない。

見慣れない名称や術語がたくさん出てくるが、それは気にせず、「三蔵《さんぞう》」と呼ばれる仏典体系が部派で伝承され、そこに「小蔵《しょうぞう》」（または「小部《しょうぶ》」「小阿含《しょうあごん》」）という別の集成が追加された、という流れを大づかみにとらえていただきたい。

マウリヤ朝と長いその後

紀元前四世紀、アケメネス朝ペルシアを滅ぼしたマケドニア王国のアレクサンドロス大王は、インダス川流域にまで軍を進め、ガンジス川流域への進軍を企てていた。当時、ガンジス川流域は、マガダ国を簒奪したナンダ朝が統一していた。

進軍の提案に配下の将兵たちが応じなかったために、アレクサンドロスは、ナンダ朝と一戦を交えることなく、インダス川を下ってバビロンへ帰還した。その後、インダス川流域は、アレクサンドロスが残したギリシア人の支配下に入った。

紀元前三世紀、ナンダ朝を打倒したマウリヤ朝は、インダス川流域にも進出し、南アジアの大半を統一して、古代インド最大の帝国を建設した。マウリヤ朝の最盛期を築いたアショーカ王（在位前二六八頃—二三二頃）は、中央集権体制を敷き、各地に置いた法大官に法勅を送って全国を支配した。

アショーカ王が発した法勅が刻まれた碑文は、現在までに約五〇確認されている。それらに

図5　ルンビニーのアショーカ王柱（ブラーフミー文字で刻まれたルンミンデーイー法勅）

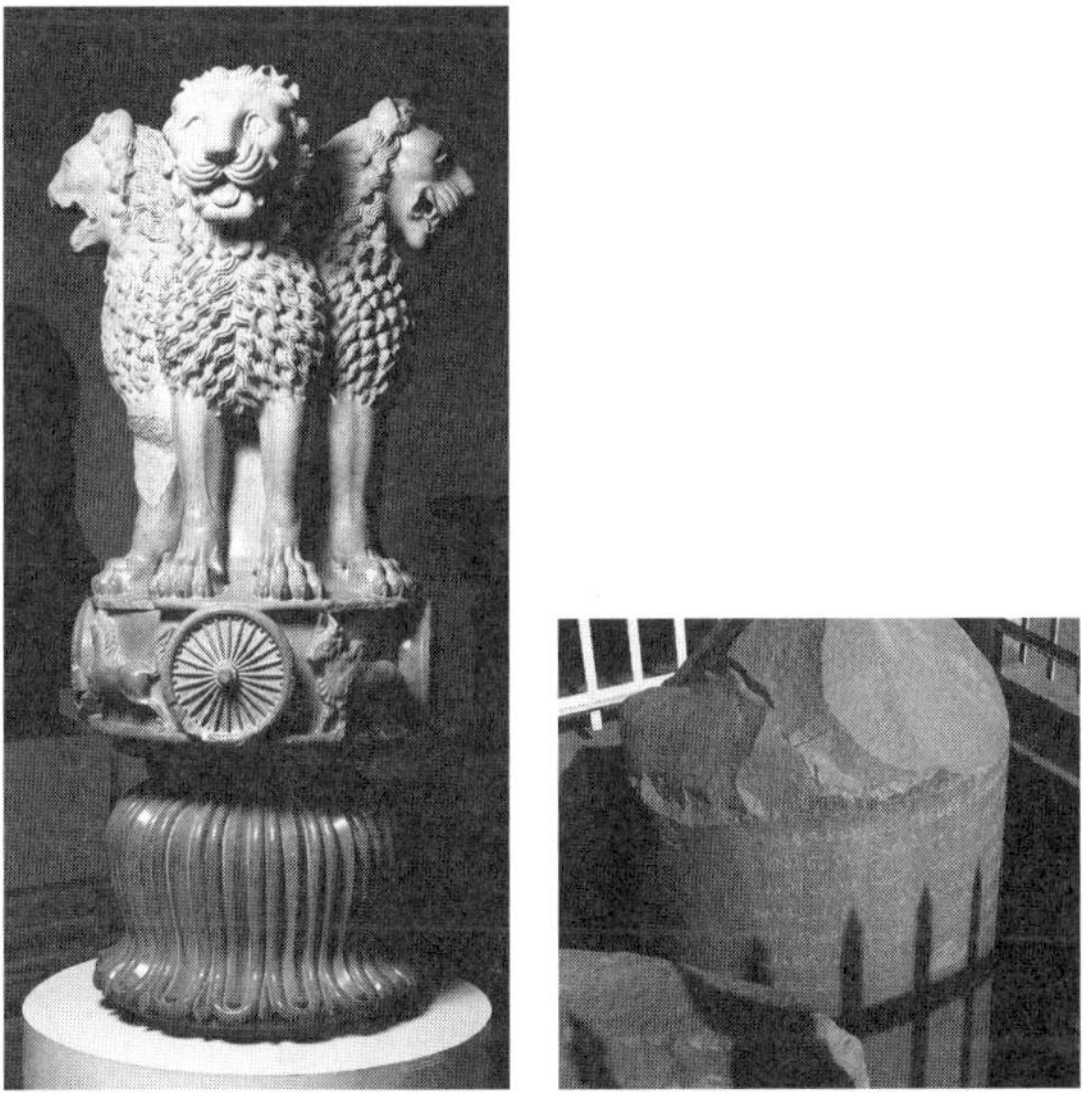

図6　サールナートのアショーカ王柱（ブラーフミー文字で刻まれた分裂法勅）

よれば、アショーカ王は、「法(ダルマ)の政治」の実現を目指した。アショーカ王碑文に見られる法勅の形式には、アケメネス朝ペルシアからの影響が指摘されている。おそらくペルシアからインドへ伝わった帝国の統治方法が、マウリヤ朝の広域支配を可能にしたのである。

アショーカ王は仏教を信じていた。碑文によれば、彼は、「三宝」への信仰を表明して「七種の法門」と呼ばれる諸仏典を学ぶよう出家者や在家信者に勧め(小磨崖法勅第三章)、出家教団の和合を命じた(分裂法勅)。即位後一〇年目にブッダが悟りを開いた菩提樹に詣で(磨崖法勅第八章)、一四年目に仏塔を増築し(ニガーリー・サーガル法勅)、二〇年目にブッダの生誕地ルンビニーに詣でた(ルンミンデーイー法勅)。

しかし彼は、統治者として、特定の宗教のみを保護して他を弾圧するようなことはしなかった。「一切の宗派」への崇敬を表明し、バラモン教、ジャイナ教、アージーヴィカ教を支援し、諸宗教が融和するよう促す政策をとったのである。

考古研究によると、遅くとも紀元前三—二世紀までに、ガンジス平原には城壁に囲まれた巨大な都市が複数できていた。城壁の高さは五メートル以上、内部の面積は平均で一五〇—二〇〇ヘクタールに及ぶという。紀元前六世紀頃に始まったガンジス川流域の都市化は、発展の一途をたどっていたのである。

マウリヤ朝という統一王朝の時代は紀元前二世紀初頭に終焉を迎え、インドは諸王朝が各地に割拠して興亡を繰り返す時代に入る。インダス川流域には、インド・グリーク朝、中央アジア系のサカ朝やクシャーナ朝といった外来民族王朝が続いた。ガンジス川流域にはシュンガ朝、続いてカーンヴァ朝が興り、デカン高原を中心とするサータヴァーハナ朝は西インドにも進出した。

北西インドでは、外来王朝の下でヘレニズム文化が花開き、インド西岸部ではローマ交易が隆盛に向かった。インドが西方に大きく開き、その文化的影響や経済的効果によって社会が変容・発展する時代を迎えたのである。

仏像と僧院組織と書写——三宝の変容

マウリヤ朝以降も、仏教は順調に教線を拡大し、インダス川流域、デカン高原、スリランカなど南アジア各地に広まっていった。そうしたなか、紀元前後には、直接的あるいは間接的な西方世界からの影響を受けて、三宝に大きな変化が現れるようになる。ここでは、ブッダ(仏)、出家教団(僧)、教え(法)という順序で見ていこう。

アショーカ王碑文から確認できるように、仏滅後、ブッダの象徴として崇拝されるようにな

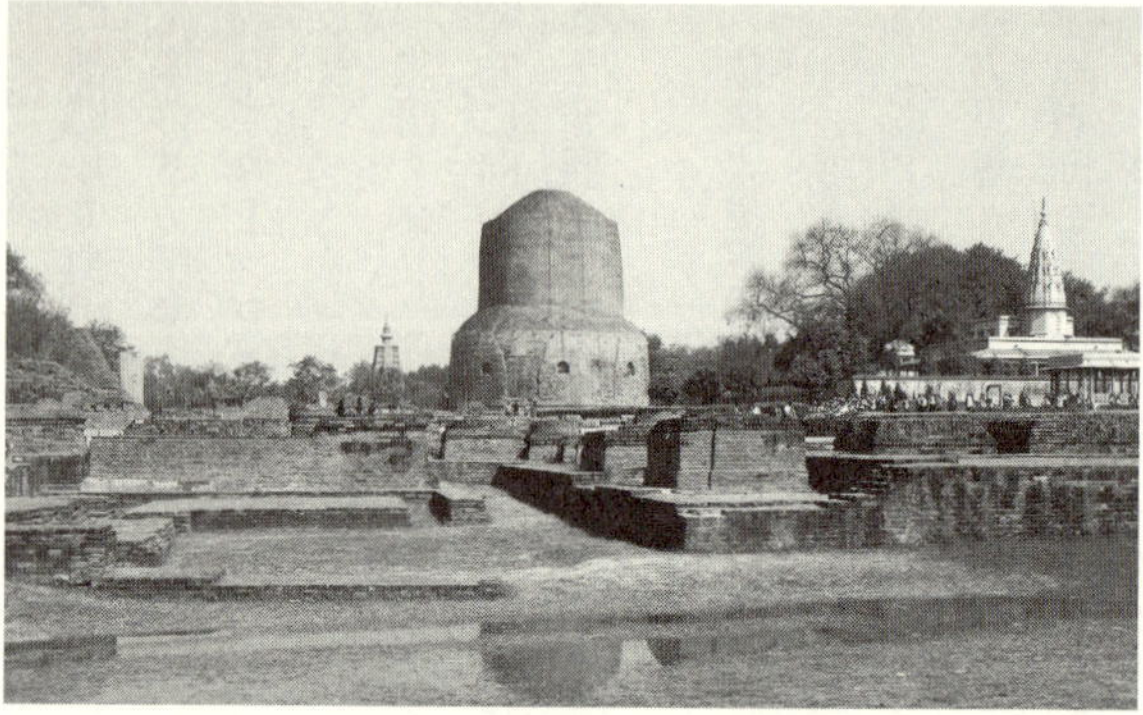

図7　サールナートの仏塔

ったのは、菩提樹や仏塔だった。樹木崇拝はおそらく仏教以前からインドに存在していたと思われるが、ブッダが菩提樹の下で悟ったと信じられていたために、ブッダを思慕する人々の間に菩提樹信仰が広まった。

いっぽう、仏塔はもともとブッダの遺骨を埋める塚のことだったと考えられる。ヴェーダ(『シャタパタ・ブラーフマナ』一三・八・一・五)には、「墓標を東の者たちは丸く作る」とある。古代インドの仏塔はこのヴェーダの記述と合致して半球状だから、当時のガンジス川流域における墓標の形状で造られたのであろう。

紀元前には、こうした菩提樹や仏塔がブッダの象徴だったのに対し、紀元後一世紀になると仏像が制作されるようになる。北西インドではヘレニズム文化の下で神や王などの像がすでに制作されており、仏教もその影響を受けたのである。この時期以降、ブッダの象徴として、

図8 ゴータマの出家．横梁中央に象徴としての菩提樹が彫られている（サーンチー）

仏像が仏塔とともに主要な役割を果たすようになる。

次に、西方からの影響による仏教の変容は、出家教団にも認められる。第一章に述べたように出家教団では、雨季を除くと出家者たちが基本的に遊行生活を行っていることを前提に、運営方法が定められていた。このことは、出家教団に土地や居住施設が寄付されることはあっても、恒常的な組織運営に出家者は携わっていなかったことを示している。

ところが紀元前一世紀になると、「ヒッパロスの風」と呼ばれた季節風の発見により、インド西岸部とローマとを結ぶ海上交易が隆盛した。そして、象牙、香料、宝石などの貴重品を求めるローマ帝国との交易によって莫大な富を得た商人階級の台頭を背景として、仏教の出家教団は変容していった。

西岸部にあった交易港とガンジス川流域とを結ぶ通商路には、名高いアジャンター、カンヘーリー、ナーシクなどの石窟寺院が建てられた。これら石窟寺院への寄付者として、さまざまな商人や金融業者の名が碑文に刻まれている。また、ちょうどこの時期の碑文からは、職人組合に預けられた資金の利子や農地といった定期的な収入源を、出家教団が所有していたことが知られる。

こうして定期収入が生じるようになると、個々の出家教団はなんらかの形で恒常的な経営が行われる組織へと変貌する。もともと遊行生活をする出家者のための集いだった出家教団は、資産を運用する組織へ変わっていったのである。荘園を管理し、金融業を営み、建築物を維持しながら永続的に暮らせるよう運営される出家教団が増え始めた。

そのような恒久財源にもとづく「僧院」は遅くとも紀元前後までに成立し、時代が下るにつれて、その数を増していった。一年を通じて千人規模の出家者が生活できる大僧院がしだいに現れ、ナーランダー僧院やヴィクラマシーラ僧院といった有名な学問寺が成立していくこととなる。

出家教団のこうした組織化は、教えの伝承にも変化をもたらすことになった。

出家者が基本的に遊行している限りは、仏典を文字に書き写しても、写本を持って歩かなければならなくなるから、かえって不便である。しかし、恒常的に運営される僧院があれば、そこに写本を置いておけば、管理者が保管し、希望者が閲覧できるようになる。そのような僧院の誕生は、口頭伝承だった仏典の書写を促す重要な契機になったと考えられる。

仏典の書写の開始時期について、第一に、仏教写本研究の第一人者リチャード・サロモンは紀元前後を想定している。その根拠は、第一に、南アジアで現存最古のガンダーラ写本が紀元前後から作られているからである。ガンダーラ写本については後述する。

第二に、スリランカの史書『島史』『大史』によれば、スリランカで三蔵とその注釈がはじめて書写されたのはヴァッタガーマニ・アバヤ王の時代(紀元前一世紀)であるとされ、ちょうどガンダーラ写本が作られ始めた時期と合致するからである。仏典書写の開始について、『島史』はこう記している。

ヴァッタガーマニ・アバヤ王は、一二年とはじめの五カ月を統治した。かつて、大いなる智慧をもつ托鉢修行者(比丘)たちは、三蔵の本文とその注釈を口誦によって伝えていた。このとき、生類が減ったのを見て集まった托鉢修行者たちは、教えを久しく存続させるた

めに〔三蔵の本文とその注釈を〕写本に書かせた。(二〇・一九―二一)

紀元後一世紀になると、おそらく書写を前提として、個人の作品が著されるようになる。一―二世紀に活躍したアシュヴァゴーシャ(馬鳴)の『ブッダの所行(ブッダチャリタ)』『端正なるナンダ(サウンダラナンダ)』、二世紀頃のナーガールジュナ(龍樹)の『中論』といった、作者の名を冠した著作が作られる時代が始まった。個人の著作の成立と仏典書写の開始とは、密接に関わっていると考えられる。

本書の範囲を超えるが、下田正弘によれば、この時期に大乗仏教というあらたな思想が登場したのも、その仏典が書写を前提としていたからである(「経典研究の展開からみた大乗仏教」、「初期大乗経典のあらたな理解に向けて」)。大乗仏典の代表ともいえる『般若経』や『法華経』には、『般若経』あるいは『法華経』それ自体を書写するように勧める記述がある。このことは、大乗仏典がこれから取り上げる初期仏典とは異なる伝達手段によっていたことを端的に示している。

では、以上のような紀元前後の三宝の変容が起こる以前、ブッダの教えはどのように伝承されたのか。初期仏典の形成について、さらに考察していこう。

2　口頭伝承された初期仏典

口頭伝承の時代

古代インドでは、中東や中国と比べて、文字の成立が遅かったと考えられる。インダス文明に文字があったのかどうかはまだ結論に達しておらず、今日確認されているインド最古の文字資料は上述のアショーカ王碑文だから、確実に文字が成立していたと言える時代は紀元前三世紀まで下る。

アショーカ王碑文の大半はブラーフミー文字で刻まれているが、一部、帝国の北西部の碑文ではアラム文字、ギリシア文字、カローシュティー文字が用いられている。アラム文字はこの地をかつて支配したアケメネス朝ペルシアで使用されていたために、ギリシア文字はアレクサンドロス大王の遠征によりインドへもたらされたために、採用されたものである。

いっぽう、カローシュティー文字とブラーフミー文字はインドで生まれた文字である。このうち、カローシュティー文字はアラム文字をもとに作られた。ブラーフミー文字の起源については議論が続いているが、リチャード・サロモンにより、暫定的という留保をつけながらも、やはりアラム文字から派生した可能性が指摘されている(*Indian Epigraphy*)。この仮説が正しいとすると、インド最古の文字は、いずれもアケメネス朝ペルシアの影響で生まれたことになるわけである。その意味で、仏典の書写という行為そのものが西方からの影響なのである。

ブラーフミー文字自体がアショーカ王の時代に作られた可能性も指摘されているが、もしそれが正しければ、アショーカ王以前にすでに存在していたヴェーダや仏典の伝承が口頭であったのは、当然であろう。

また古代インドにおいては、記憶という行為そのものが学習に重要な意義を認められており、知識の授受に文字が介在すべきではないという考えが存在していたことは、さらに重要である。たとえば、インドの大叙事詩『マハーバーラタ』によれば、ヴェーダを書写した者は地獄に落ちるとされる(八・二四・七〇)。聖典は記憶すべきであって、書写すべきではないという意識は、現代人には想像がつかないほど根強かったのである。

知識は師から直接学ぶべきものだと考えられていた社会にあって、仏教もまた文字を用いずにブッダの教えを伝承していた。アショーカ王碑文に「七種の法門」という仏典にかんする言及があることは先にもふれたが、碑文では、出家者や在家信者に、それらを「聴き」、「記憶」するよう勧めている。

初期仏典の言語と特質

インド学の世界的権威オスカー・フォン・ヒニューバーによれば、最初期の仏典言語は、様々な地域のインド・アーリヤ語が混交して生まれた共通語としての「アーリヤ語」であった。おそらくこの共通アーリヤ語で口誦された仏典が各地に伝播するにつれて、それぞれの伝承系統で言語が整備され、パーリ語、ガンダーラ語、サンスクリット語などにまとめられていった。パーリ語は西インドの地域語だという説がかつて主流だったが、彼はこの説を否定している（"The Oldest Literary Language of Buddhism"）。

では、アーリヤ語に始まるという仏典は、具体的にどのような方法で口頭伝承されたのだろうか。

口頭伝承文学に関する学術的研究は、ホメーロスの古代ギリシア叙事詩を対象として始まり、口頭伝承と文字資料との間に根本的な相違があることを明らかにした。ウォルター・オングによれば、口頭伝承は、律動的な文体で、定型句、対句や反復を多用する特徴がある。そして伝承者は、主題にかかわる骨子は残しながら、聞き手に応じてダイナミックに内容や表現を変えることができる（『声の文化と文字の文化』）。

しかし、他地域における口頭伝承の研究成果が古代インドのテキストに応用できるのか否かは、容易に判断できない。たとえばヴェーダについては、現在まで口頭によって伝えられているテキストと、新たに発見された数世紀前のサンスクリット写本とが一致することから、極めて正確に伝承されてきたことが指摘されている。

出家教団が仏典を組織的に口頭伝承している場合、ヴェーダと同様に、一言一句、正確に伝承していたことは想像できる。実際、現存するパーリ語の『長部《ちょうぶ》』と呼ばれる仏典集成と、漢訳された『長阿含《じょうあごん》』とのいくつかの対応経を比べると、スリランカと中国という距離を越えて、驚くほどの一致を示すものは少なくない。

しかしいっぽうで、ギリシア叙事詩の口頭伝承の研究成果が古代インドにも当てはまる可能性もある。たとえば、『マハーバーラタ』は、物語の大筋は共有しつつも、写本により細部は異なり、膨大な異読がある。物語の原形を復元することを目指した批判校訂版を「実在しない文献」と評する研究者すらいる。

確かに、聞き手に応じ、内容を変えて伝承していたと考える場合、初期仏典は、音楽に喩えるなら、クラシックよりも、演奏のたびに大胆なアレンジがあるジャズのようなものだったことになる。実際、ガンダーラ写本では、同じ写本の表裏に同じ仏典が書写されていても、その内容が異なる例が報告されている。また、パーリ語とサンスクリット語と漢訳との間で同じ仏典が大きく異なる例はいくつも指摘できる。

仏典がもともと口頭伝承だったという事実をふまえるなら、初期仏典が一言一句変更を許さないテキストだった可能性とともに、可変的なテキストだった可能性をも想定しておかなければならない。

結集の物語——「法と律」が師となる

ブッダが没した後、仏弟子たちがその教えを仏典にまとめたという、「結集《けつじゅう》」の物語が伝承されている。この「結集」(P. saṃgīti)は、しばしば英語で Buddhist Council(仏教公会議)、日本語で「仏典編集会議」などと意訳されるが、もともとの意味は「共に唱えること」である。

結集が史実か否かにかかわらず、出家者たちがブッダの教えを「共に唱えた」とする記述が仏典自体にあることは、仏典がもともと口誦されたものだと仏典の伝承者たちが考えていたことを示している。近代の文献とは違い、いわゆる「作者」が特定できない口伝の集成なのである。

まず、結集の物語の前提として、ブッダの遺言がある。ブッダは没する前に、そばで世話をしていた弟子のアーナンダに対して、こう説く。

アーナンダよ、あなた方のために私が示し定めた「法と律」が、私の死後は、あなた方の師である。

（「大般涅槃経」）

図9　結集の場所とされる王舎城の七葉窟

ここにおける「法」とは、教えを意味し、「律」とは、出家者の規則を意味する。ブッダが「示し、定めた」ものの総称が「法と律」なのである。仏教を信じる者たちにとって、自らの「師」となるのだから、仏教教団における「法と律」の重要性が見て取れる。

ブッダが没した後、「法と律」が衰え、誤った教えが広まることを恐れたマハーカッサパ（大迦葉）という長老が、出家者を集め、「法と律」を共に唱えてまとめることを決意する。これが結集の物語である。

マハーカッサパ長老は、出家教団に告知した。
「友らよ、出家教団は私に耳を傾けよ。もし出家教団にとってよろしければ、出家教団は、法と律を共に唱えるためにラージャガハ（王舎城）で雨季（安居）を過ごす五〇〇人の托鉢修行者を合意で認定するように。他の托鉢修行者たちは、ラージャガハで雨季を過ごしてはならない。これは告示である」。
（『律蔵』「小品」）

この提議は出家教団の承認を得て、ラージャガハで結集が催された。物語は、結集に参加したのが全員解脱した出家者（阿羅漢《あらかん》）だったことをアーナンダの挿話で印象付けている。五〇〇人に選ばれた一人、アーナンダは、まだ解脱していなかったために結集に参加できないと考えて修行していたが、徹夜明けの早朝、横になろうとしたまさにその時に解脱したという。

こうしてアーナンダも出席し、五〇〇人が揃ったところで、いよいよ結集が始まる。マハーカッサパが主席となり、「律」については、それに秀でたウパーリに尋ねる。

マハーカッサパ長老は、出家教団に告知した。
「友らよ、出家教団は私に耳を傾けよ。もし出家教団にとってよろしければ、私はウパーリに律を問おう」と。ウパーリ長老は、出家教団に告知した。「尊者の方々よ、出家教団は、私に耳を傾けよ。もし出家教団にとってよろしければ、私は、マハーカッサパ長老により律について問われて、答えよう」と。

（『律蔵』「小品」）

こうして「律」の全体が明らかになると、それとまったく同じ形式で、「法」については、それをよく聴聞したアーナンダに尋ねる。

マハーカッサパ長老は、出家教団に告知した。「友らよ、出家教団は私に耳を傾けよ。もし出家教団にとってよろしければ、私はアーナンダに法を問おう」と。アーナンダ長老は、出家教団に告知した。「尊者の方々よ、出家教団は、私に耳を傾けよ。もし出家教団にとってよろしければ、私は、マハーカッサパ長老により法について問われて、答えよう」と。

（『律蔵』「小品」）

こうして、「法と律」の全体が五〇〇人の解脱した出家者によってまとめられたと、結集の物語は語る。結集は一〇〇年後に二度目が開かれたと考えられて、それと区別して、以上の物語は「第一結集」と呼ばれるようになった。

繰り返すが、ここでは結集の物語が史実か否かを問題としているのではない。そうではなく、〝ブッダは、自らが没した後は「法と律」を師とするように命じ、解脱した出家者たちが「法と律」をまとめ、仏典として伝承してきた〟と、主張されていることが重要なのである。つまり、インドの仏教教団は、この「法と律」こそが、教団において結集された正統な仏典であると位置づけた。以下では、これを「結集仏典《けつじゅうぶってん》」と呼ぼう。

では、この「法と律」に由来する結集仏典が、後にどのように三蔵として体系化されていくのか、その編纂史を次節で取り上げよう。

3　「法と律」から「三蔵」へ

部派の成立

仏教の出家教団が南アジア各地に展開していく過程で、「部派」と呼ばれる、ある種の集団が現れた。各地の碑文には、紀元前二世紀頃から後四世紀頃にかけて、さまざまな部派の呼称が言及され始める。部派名の現れる時代と場所に大きな隔たりがあることから推察して、それられる。

らは一斉に成立したというよりも、時代により、また場所によって、徐々に形成されたと考えられる。

「部派」(S. P. nikāya)とは、もともと集団を意味する一般的な語であるが、仏教の場合は、戒や仏典の伝承系統によって分かれた出家者の集団を指す。おそらく、出家教団において、師が弟子に戒を授けていくこと(授戒)によって生まれる師承関係がもとになって生まれたと考えられる。出家教団(サンガ)そのものとは別の範疇であり、特定の出家教団の出家者全員が特定の部派に帰属していた場合もあったが、ひとつの出家教団のなかに複数の部派の出家者が集まる場合もあったようである。

したがって部派は、江戸時代以降の日本仏教における「宗派」のような、それぞれが本山と末寺をもった中央集権的・相互排他的な組織ではない。むしろ、ひとつの教団のなかに複数ある修道者たちの帰属集団という点で、カトリックの修道会に近いだろう。

遅くとも後四—五世紀までに、「上座部大寺派《じょうざぶだいじは》」「説一切有部《せついっさいうぶ》」「化地部《けじぶ》」「法蔵部《ほうぞうぶ》」「大衆部《だいしゅぶ》」という少なくとも五つの部派がそれぞれ、自らが結集された仏典の伝承を担っていると主張した。そのうち、少なくとも上座部大寺派、説一切有部、法蔵部は、「法と律」という結集仏典の枠組を承けて、「律蔵《りつぞう》・経蔵《きょうぞう》・論蔵《ろんぞう》」という三蔵の枠組を作り出した。

三蔵が成立した年代が初期仏教の時代より大きく下る可能性はある。そのことについては後で詳しく検討していくが、いずれにしても三蔵のなかに、出家教団が口頭で伝承した初期仏典が源泉資料として含まれていることは確かである。したがって、初期仏典を研究しようとするならば、諸部派が伝承した三蔵を分析し、そのなりたちを検討することによって、「法と律」＝結集仏典とは何だったのかを探るのが、最も有効な方法のひとつである。

そこで、諸部派における三蔵の体系を紹介しながら、その編纂過程を概観したい。

上座部大寺派のパーリ三蔵

インド本土で仏教が滅んで久しく、部派の資料の大半が失われた今日にあって、スリランカや東南アジア大陸部に伝承されるパーリ仏典の三蔵は、特定の部派の三蔵の全体が伝存する唯一の例である。パーリ三蔵は、もともとスリランカの上座部大寺派という一派が伝承した。部派の三蔵を知るために、その全体が古代インドの言語で残るパーリ三蔵は最重要資料のひとつである。そこで、まずパーリ三蔵の構成を概観しよう。

パーリ三蔵は、①出家者の生活規則と出家教団の運営方法を示した「律蔵」、②ブッダ（および、場合によっては仏弟子）の教えを示した「経蔵」、③思想を簡潔な散文でまとめた教理綱要である「論蔵」の三つから成る。

このうち、律蔵は、「経分別《きょうふんべつ》」と「犍度部《けんどぶ》」と「付随」から成る。「経分別」は、正式な出家者である比丘と比丘尼の生活規則を解説している。「経分別」の「経」とはこの生活規則(波羅提木叉)を指し、各規則が制定された由来を説くなかで、規則の条文を示し、続いて、条文の語句の解釈や定義をし、判例や条文の適用を説明する。

「犍度部」は、主に出家教団の運営方法や、衣や薬などの使用品にかんする規則を説明するものであり、全体で二二章から成る。比丘になるための儀式を説明する章(受戒犍度)、布薩儀礼の執行方法を説明する章(布薩犍度)、比丘尼に特有の規則を説明する章(比丘尼犍度)などがある。やはり各規則が制定された由来、運営方法や規則の条文が説明される。

「付随」は、付録部分であり、律蔵全体のおよそ五分の一の分量を占める。他部派の律蔵と比較すると、経分別と犍度部は構成や内容がほぼ共通しているのに対し、付随は全く対応しない。

次に経蔵は、『長部《ちょうぶ》』『中部《ちゅうぶ》』『相応部《そうおうぶ》』『増支部《ぞうしぶ》』といういわゆる「四部」と、それに韻文仏典を多く収録する「小部《しょうぶ》」を加えた「五部」から成る。

『長部』とは、『中部』『相応部』『増支部』の諸経に比べて長い経典を集めた集成である。三四経を収録し、全体が「戒蘊品《かいうんぼん》」「大品《だいほん》」「パーティカ品」という三篇に分かれる。「梵網経《ぼんもうきょう》」「沙門果経《しゃもんかきょう》」「三明経《さんみょうきょう》」のように他教との対決姿勢を鮮明にした経典や、『相応部』の小経である「般涅槃経《はつねはんぎょう》」に対する「大般涅槃経《だいはつねはんぎょう》」のように「大〇〇経」と呼ばれる経典が含まれる。

『中部』は、『長部』の諸経より短く、『相応部』『増支部』の諸経より長い、中程度の長さの経典を集めた集成である。一五二経を収録する。ウパーリ、ラーフラ、マールンキヤ、アングリマーラ、ラッタパーラなど、主要登場人物の名を冠した経典が多く収録されている。

『相応部』は、『長部』『中部』と比べ小さな経典を、経典が示す主題ごとにまとめた集成である。全体は、韻文を含む経典を集めた「有偈品《うげぼん》」、縁起にかんする経典を集めた章を冒頭に置く「因縁品《いんねんぼん》」、五蘊《ごうん》にかんする経典を集めた章を冒頭に置く「蘊品《うんぼん》」、六処《ろくしょ》にかんする経を集めた章を冒頭に置く「六処品《ろくしょぼん》」、その名のとおり『相応部』中最大の品である「大品」という、五品から成る。

『増支部』は、全体が一一の「集」から成り、各集はさらに

表1　上座部大寺派のパーリ三蔵の構成

律　蔵	経　蔵	論　蔵
1. 経分別	1. 長　部	1. 法集論
2. 犍度部	2. 中　部	2. 分別論
3. 付　随	3. 相応部	3. 界　論
	4. 増支部	4. 人施設論
	5. 小　部	5. 論　事
		6. 双　論
		7. 発趣論

「品」に分かれ、各品は概して一〇経を収録している。基本的な編集方法として、『長部』『中部』の諸経と比べ小さな経典を各経典に示される数字によって分類し、「一」にかんする経は一集に、「二」にかんする経は二集に、乃至、「十一」にかんする経は十一集に、という方法で経典を配列している。たとえば、三学（第六章参照）について説く「学経」は、三集に収録されている（『増支部』三・八八）。やや名称が異なるが、その編集方法から見て、他部派の『増一阿含』に当たる。

「小部」は、一五の仏典を収録する。論書の『無礙解道《むげげどう》』と注釈書の『義釈《ぎしゃく》』とを除くと、韻文のみから成る仏典か、韻文に散文を組み合わせた仏典である。この点で、「小部」は、韻文仏典を中心とした集成だと見なすことができる。教訓詩を集めた『法句（ダンマパダ）』、小さな韻文仏典を中心に集めた『経集（スッタニパータ）』、仏弟子の詩を集めた『長老偈（テーラガーター）』や『長老尼偈（テーリーガーター）』、ブッダの菩薩時代の前世にかんする『本生（ジャータカ）』などが含まれる。「小部」は、経蔵のなかでも最大の集成であって、経蔵全体の半分近い分量を占める。

そして第三の論蔵は、「七論」と呼ばれる七種の論書から成る。心を八九に分類した『法集《ほうしゅう》論《ろん》』や、五蘊・十二処・十八界などの基本教理をまとめた『分別論《ふんべつろん》』、他部派の思想を批判した『論事《ろんじ》』などが収録されている。他部派と比較すると、論蔵は部派によって全く異なり、パーリ七論は上座部大寺派にしか伝承されていない。

以上のような上座部大寺派のパーリ三蔵の構成を念頭に置きながら、近年の研究により明らかになったその編纂過程を概観しよう（馬場紀寿『上座部仏教の思想形成――ブッダからブッダゴーサへ』）。

パーリ三蔵のうち、最初にまとめられた部分は、律蔵の「経分別」「犍度部」と経蔵の「四部」である。その構成や内容は、後に述べるように他部派（説一切有部、化地部、法蔵部、大衆部）の三蔵ともほぼ共通するから、インド本土で成立したことは間違いない。

その後、論蔵である「七論」が編纂されて、三蔵が成立した。それに前後して、律蔵に付録として「付随」が追加された。「七論」と「付随」がまとめられた時期と場所は不明である。インド本土か、スリランカかもわからないが、いずれにせよ、この二つは他部派に確認できない構成と内容であるから、独自に編纂されたと考えられる。

この段階で三蔵はできあがっているのだから、ここで仏典の編纂が終了する可能性もあった。しかし、実際には、上座部大寺派は三蔵をさらに発展させていく。三蔵の成立後も、『本生』『経集』『法句』『長老偈』『長老尼偈』などのもともと三蔵に収録されていなかった仏典が「ブッダの言葉」（仏説）として承認され、三蔵へ編入されたのである。

その時期を特定することはできないが、遅くとも後五世紀初頭までには、「小部」として三蔵に追加されたと考えられる。現存する三蔵の体系が上座部大寺派で確定したのは、五世紀前半に著された注釈文献（『律註』『長部註』『法集論註』）においてである。

三蔵の編纂順序をおおまかにまとめるなら、表2のような三段階となる。結集仏典の原形が四部（法）と経分別・犍度部（律）だったことがわかる。

表2　三蔵の編纂順序

	法	律
第 I 段階	四部（経蔵）	経分別・犍度部
第 II 段階	論　蔵	付　随
第 III 段階	小部（経蔵）	

説一切有部における三蔵の編纂過程

それでは、上座部大寺派以外の部派では、仏典体系の形成過程はどうだったのだろうか。先にもふれたように、インド本土で各部派が伝承していた三蔵は、今日では大半が失われている。しかしそのなかにあって、説一切有部は、例外的な部派だった。

説一切有部という名称は、この部派が「存在は、過去・現在・未来において実在する」という「三世《さんぜ》実有《じつう》説《せつ》」を唱えていたことに由来する。上座部大寺派がパーリ語で三蔵を伝承したのに対し、サンスクリット語で三蔵を伝承し、カシュミール地方やガンダーラ地方など北西インドを中心に大きな勢力をもっていた。

説一切有部の仏典は、北西インドから中央アジアを経て、東アジアにもたらされ、また、北西インドからチベットへも伝えられた。このため、ギルギットや中央アジアから出土したサンスクリット写本、漢訳やチベット語訳で残る部派仏典の大半が、この説一切有部に帰属する。完本あるいはほぼ完本が残っているものとして、漢訳の『中阿含経《ちゅうあごんきょう》』『雑阿含経《ぞうあごんきょう》』『十誦律《じゅうじゅりつ》』、サンスクリット写本、漢訳とチベット語訳がある『根本説一切有部律《こんぽんせついっさいうぶりつ》』がある。また『長阿《じょうあ》含《ごん》』のサンスクリット写本の大半が回収されている。その豊富な情報にもとづいて、説一切有部の仏典体系の形成過程を概観しておこう。

さて、説一切有部における三蔵の編纂は、上座部大寺派と非常によく似た過程をたどっている。はじめに編纂されたと考えられるのは、経蔵の「四阿含」と律蔵の「経分別」「犍度部」該当部分とである。この部分は、他部派(上座部大寺派・化地部・法蔵部・大衆部)の三蔵ともほぼ同じ内容・構成である。

いっぽう、論蔵については事情が異なり、それより後代になってまとめられたと考えられる。これは他部派には対応する内容が存在しないからである。したがって、諸部派と共有する経蔵・律蔵の原形部分に、説一切有部が独自に編纂した七種の論書が加えられた段階で、説一切有部としての三蔵が成立したということになるのである。

説一切有部の場合も、これをもって仏典の編纂を終了する可能性はあったと思われる。しかし実際には、説一切有部は仏典体系をさらに発展させていく。

説一切有部は、もともと三蔵に収録されていなかった『義品《ぎぼん》』『到彼岸《とうひがん》』『長老偈』『長老尼偈』『牟尼偈《むにげ》』などの韻文仏典を「ブッダの言葉」として認め、「小蔵《しょうぞう》」と呼ばれる分類に括った。「小蔵」は「小阿含《しょうあごん》」とも呼ばれた。「小蔵」という場合、三蔵と別立てされて「四蔵」を数える解釈もあるが、「小阿含」の場合は、経蔵の「四阿含」の後に追加されると考えられたのであろう。

こうして説一切有部は、上座部大寺派と同様、いったん三蔵を確立した後で、三蔵に収録されていなかった仏典を「ブッダの言葉」として承認し、それらを「小蔵」または「小阿含」という集成にまとめていった。もともと三蔵の外部にあった韻文仏典群を三蔵に加えたという点で、両派の仏典体系はよく似た形成過程をたどったのである。

化地部・法蔵部・大衆部

次に、説一切有部以外の部派はどうだったか。北はガンダーラから南はスリランカに存在した痕跡を残す化地部、ガンダーラやマドゥラーなど北西インドを中心に展開した法蔵部、ガンジス川流域から北西インドや南インドにも広まった大衆部は、説一切有部に比べるとまとまった形で伝存する仏典は少ないが、南アジアで一定程度の勢力を築いていた部派である。

これら三部派でも、いずれも上座部大寺派や説一切有部の三蔵とよく似た仏典体系を結集仏典として伝承していたことがわかっている。律蔵の「経分別」「犍度部」該当部分は共通しており、経蔵には『長阿含』『中阿含』『相応阿含』『増一阿含』から成る「四阿含」が収録されていた。

しかも興味深いことに、三部派は、経蔵として「四阿含」を挙げるとともに、経蔵のなかに「小蔵」(漢訳では「雑蔵」)を組み込んでいる。これは現存していないが、ちょうど上座部大寺派の「小部」や説一切有部の「小蔵」に当たるものだったようである。

化地部の「小蔵」の内容は不明だが(『五《ご》分律《ぶんりつ》』)、大衆部は「小蔵」として『譬喩』『本生』などのような「諸偈《しょげ》頌《じゅ》」を集めたとされており、韻文仏典の集成だったことがわかっている(『摩《ま》訶《か》僧祇《そうぎ》律《りつ》』)。法蔵部は「小蔵」として『本生』『譬喩』『義品』『法句』『到彼岸』『牟尼偈』など一二を挙げており(『四《し》分律《ぶんりつ》』)、題名から推測してこれもやはり韻文仏典の集成だったと考えられる。

三部派における「小蔵」は「蔵」と名づけられているから、三蔵とは独立して集成されたものであるはずなのに、経蔵（または法蔵）のなかに組み込まれている。これは、もともと経蔵から独立していた仏典集成を、経蔵の枠組みを崩さずに、そのなかに組み込んだ結果だと考えられる。つまり、上座部大寺派や説一切有部と同様に、おそらく化地部・法蔵部・大衆部においても、「小蔵」が後から経蔵へ追加されたのである。

結集仏典に追加された韻文仏典

このように五部派で一致して、結集仏典の「法」に位置づけられる四阿含（四部）が成立した後に、「小蔵」（または「小部」「小阿含」）という集成が「法」に追加されたということは、「小蔵」に収録されている仏典がもともと結集仏典に位置づけられていなかったことを示している。

実際、この集成に収録されているのは、基本的に韻文仏典であり、経蔵の「四阿含」の諸経典が用いる定型表現を用いていない。まったく異なる様式のものなのである。

以下に説明するように、韻文仏典のなかには紀元前に成立したものが含まれているが、元来、結集仏典としての権威をもたず、その外部で伝承されていたのである。

このことは、かつて中村元らの仏教学者が想定していた、韻文仏典から散文仏典(三蔵)へ発展したという単線的な図式が成り立たないことを意味する。韻文仏典に三蔵の起源を見出すことには、方法論的な問題があるのである。

初期仏典伝承の実態に迫ろうとするならば、結集仏典に由来する三蔵の原形部分と、後にそこへ追加された韻文仏典群とを混同せずに、それぞれの特徴に沿って理解しなければならない。その具体例として、ここでは次の二種の韻文仏典について指摘しておこう。

第一に、『牟尼偈』『義品』『到彼岸』『犀角』が挙げられる。上座部大寺派では、他の韻文仏典や散文経典などとともに『経集』としてまとめられ、さらに『経集』は「小部」として経蔵に追加されたが、これらの韻文仏典はもともと独立して流布していた。説一切有部、法蔵部では、『牟尼偈』『義品』『到彼岸』がそれぞれ単独で「小蔵」に分類されている。

これらの韻文仏典の成立が古いことは疑いない。たとえば『牟尼偈』は、アショーカ王碑文に「七種の法門」のひとつとして言及されるから、紀元前三世紀には存在した。『義品』と『到彼岸』は、律蔵や『相応阿含』などで仏典名が言及され、偈が引用されるから、その成立が三蔵の編纂より下ることはありえない。

『犀角』も、『経集』と同様に「小部」に収録されている『義釈』において『到彼岸』とともに注釈されており、『経集』のなかでも成立の古い偈である。おそらく紀元後一世紀頃に書写されたと考えられるガンダーラ写本が見つかっているから、その成立は紀元前に遡ると考えてよい。

しかし、これらの仏典には、仏教特有の語句がほとんどなく、むしろジャイナ教聖典や『マハーバーラタ』などの叙事詩と共通の詩や表現を多く含む。仏教の出家教団に言及することもなく、たとえば『犀角』は「犀の角のようにただ一人歩め」と繰り返す。多くの研究者が指摘してきたように、これらの仏典は、仏教外の苦行者文学を取り入れて成立したものである。

第二に、上座部大寺派・大衆部・法蔵部の「小蔵」に収録されていた『本生(ジャータカ)』が挙げられる。『本生』の詩とそれに伴う物語は、菩薩を主題としている。菩薩とは、将来にブッダと成ることが確定しているが、まだブッダではない者を指す言葉である。これらの物語で、ブッダは、まだ菩薩だったときの前世で、祭官や王や商人などの人として、あるいはウサギやライオンなどの動物として、生きていたと説かれる。

そうしたブッダの前世物語は、紀元前から人気があった。紀元前二世紀頃に作られたバールフトの仏塔の周囲には、これら菩薩の物語が彫られているから、その成立が古いことは間違いない。菩薩の物語は、部派を超えて伝承された。

数多い菩薩の物語から、一話だけ紹介しよう。バールフトの彫刻に刻まれ、パーリ仏典をとおしてスリランカや東南アジア、また漢訳仏典をとおして東アジアにも伝えられた話である。

かつてバーラーナシーに狩りの好きな王がいて、いつも多くの鹿を殺していた。これを止めようと考えた鹿の王が、毎日一頭ずつ鹿を王に捧げるから、狩りをやめるよう王に頼んだ。そこで王は狩猟をしなくなったのだが、あるとき、妊娠した雌鹿が王に捧げられることになった。雌鹿に助けを求められた鹿の王は、自ら彼女の身代わりとなって首切り台に首を載せた。そして事情を知った王は、鹿の王を殺すのをやめ、以後、殺生をまったくしなくなったという。この鹿の王が菩薩だったとされる。

こうした、多くの聞き手の心を打ったに違いない自己犠牲の話は、菩薩の物語に典型的なもののひとつである。菩薩の物語は仏塔信仰と関係が深く、仏塔周辺の欄楯などにそれを主題とする彫刻が施された。おそらくこれらの彫刻を使いながら、菩薩について物語る者たちがいて、仏塔に参拝に来た者たちを楽しませ、感動させたのだろう。

菩薩の物語は、仏教のみならず、仏教外の説話とも共通するものが認められる。仏教の布教のために有効だと判断されると、さまざまな説話が採用されて菩薩の物語に形を変えたと考えられる。

第一の苦行者文学にせよ、第二の説話にせよ、おそらく当時のインド社会に広まっていたものが仏教に取り込まれて、人気を博したものである。桜部建の言葉を借りれば、これらの韻文仏典は「在家・出家を通ずる初期仏教社会に広く流通し愛唱されていたもの」だった(「最も初期の仏教について」)。時代が下って三蔵に組み込まれたのも、その人気の高さゆえであろう。

こうした韻文仏典は、「法と律」の原形に収録されていなかったのだから、仏教の出家教団のなかで流布し愛好されていても、当初は結集仏典としての権威はなかった。実際、経蔵の四阿含のうちには、「韻文」の「諸経典」を批判する記述がある。

托鉢修行者たちよ、彼ら(未来の托鉢修行者たち)は、如来により説かれた、深遠な、深遠な意味のある、出世間の、空性《くうしょう》に関わる諸経典が語られているときには、聞こうとせず、耳を傾けず、知への心を確立せず、またそれらの教えを学び習得すべきだと考えないだろう。しかし、彼らは、詩人たちによって作られた、詩人たちの、美しく飾られた音節、美しく飾られた表現から成り、〔教えの〕外部の、弟子たちによって説かれた諸経典が語られているときには、聞こうとし、耳を傾け、知への心を確立し、またそれらの教えを学び習得すべきだと考えるだろう。

(『相応部』二〇・七「楔経」)

韻文仏典がもともと結集仏典とは別のものであったという事実は、両者の区別をせずに初期仏教を論じる研究方法に問題を提起することになる。成立時期も編纂者も異なるそうした仏典を十分な吟味を経ないまま用いるなら、果たして存在したのかどうか曖昧な初期仏教像を作り上げてしまうことになりかねない。

そこで、本書では、そのような危険を避けるために、韻文仏典は取り上げず、結集仏典の原形に焦点を当てることとする。

第３章　ブッダの思想をたどる

ブッダの転法輪

1　結集仏典の原形をさぐる

結集仏典の原形からブッダの思想をたどる

初期仏教では口頭で仏典が伝承されていた以上、歴史上の人物としてのブッダの思想を文献研究によって復元するのは、不可能である。しかし、それに代わって、遡りうる限り最も古い資料にもとづいて、仏教教団が「ブッダの教え」として伝承していた思想を特定することはできる。

本書では、「(一)諸部派がブッダの教えとして共有し、(二)紀元前の仏教に由来する思想」を「ブッダの思想」と呼ぶ。ブッダの肉声を復元しようというのではなく、あくまで、「ブッダが教えた」と初期仏教が伝承した思想に焦点を当てる。

それは、正当な手続きを踏むことにより、一定程度の客観性をもって特定できる〝相対的に〝古い仏教の思想である。この方法に自覚的に立って、初期仏教におけるブッダの思想を特定したい。

そこで本章では、初期仏教の思想をさぐるため、結集仏典の原形について考える(第1節)。第二章で述べた、諸部派の三蔵の編纂過程をふまえ、結集仏典の原形がどのような特徴をもち、どのような構成だったのかを説明したい。

次に、その結集仏典の原形のなかでも、上座部大寺派、化地部、法蔵部、説一切有部、大衆部という五部派のヴァージョンが現存している部分を取り上げて、そこで共通して説かれているブッダの教えが何かを明らかにする(第2節)。

ここまでで、五部派が共有した結集仏典の思想が明らかになる。ただし、これもすでに第二章で述べたように、五部派の三蔵の現形が体系化された下限年代は後四―五世紀であって、結集仏典の原形の成立がどの年代にまで遡るのかは不明であり、絶対年代で示すことは現段階ではできない。

そこで最後に、仏典の書写が始まった時期の文献で検討することによって、五部派が共有した結集仏典におけるブッダの教えが、紀元前に遡ることを指摘する(第3節)。そうして、初期仏教に由来することが確認された思想を、本書後半で詳しく説明していくことにする。

三蔵から結集仏典の原形に遡る

第二章に述べた諸部派における三蔵の編纂過程を、ここでもう一度思い出していただきたい。すると、結集仏典の原形がどのようなものだったのかを推測することができる。「小蔵」(または「小部」)は、もともとの三蔵には含まれておらず、後代に追加された集成であった。さらに、律蔵のなかの付録部分と論蔵とは、「小蔵」よりは先に、しかし、経蔵の「四阿含」や律蔵の「経分別」「犍度部」より後に加えられたものであった。

そうすると、「四阿含」そして「経分別」「犍度部」こそが、結集の物語で言及されていた「法と律」に由来する結集仏典の原形であることが明らかになる。これは本章の議論の核となるため、第二章の説明と多少重なるが、改めて確認したい。

まず「法」から見てみよう。「四阿含」は、比較的長い経典の集成である『長阿含』、中位の経典の集成である『中阿含』、主題ごとに経典をまとめた『相応阿含』、数に関する経典を数の順序に沿って並べた『増一阿含』から成る。

収録されるのは、基本的にブッダ(場合によっては仏弟子)が人々に教えを説くという物語形式の散文経典であり、韻文のみの経典は含まれない。韻文が含まれる場合も、韻文の前後に散文で何らかの説明がある。

この四阿含に収録される経典は、「このように私は聞いた(如是我聞《にょぜがもん》)」という定型句から始まる。そして、しばしば「かれら満足した比丘たちは、世尊が説いたことに歓喜した」という定型句によって締めくくられる。

この仏典集成の名称として、サンスクリット語、漢訳、チベット語訳では、「伝承」を意味する「阿含」(S. āgama, Tib. lung)という言葉が用いられる。上座部大寺派のパーリ仏典では、「集成」を意味する「部」(P. nikāya)という呼称が主に用いられているが、「阿含」(P. āgama)が用いられることもある。もともとはパーリ仏典においても「阿含」と呼ばれていたが、後に「部」と言い換えられるようになったのであろう。したがって、初期仏教時代においては、この四種の仏典集成の呼称は「阿含」だったと考えられる。

上座部大寺派と説一切有部はもちろん、化地部、法蔵部、大衆部といった部派の経蔵には、必ずこの四阿含が含まれていたことが、諸資料から判明している。さらにその四阿含は、部派によって配列順に相違はあるものの、いずれも「長」「中」「相応」「増一」という四種の集成から成っている。

次に「律」は、波羅提木叉という出家者の生活規則を解説する「経分別」と、出家教団の運営方法を規定する「犍度部」とから成っていた。上座部大寺派、化地部、法蔵部、説一切有部、大衆部の五部派の律蔵共通部分は全て、この両者で構成されている。

諸部派の波羅提木叉は細則を除けば、条文は一致し、それを解釈する経分別も大綱はよく似ている。犍度部のほうも、諸部派の間で構成がほぼ合致し、内容も似ている。唯一、大衆部のみ他派と構造が大きく異なるものの、内容はほぼ共通している。

第二章で紹介した結集の物語は犍度部に入っているのだが、結集を物語る章が律蔵のなかのどこに置かれているかを見ると、興味深い事実が判明する。その位置は、犍度部の構造が特異な『摩訶僧祇律《まかそうぎりつ》』を例外として、律蔵全体の末尾にある場合(『五分律』、『十誦律』)か、犍度部の末尾すなわち付録部分の前に置かれている場合(パーリ律、『四分律』、『根本説一切有部律』)のどちらかなのである。

この事実から考えられるのは、結集仏典の原形においては、結集の物語が「律」全体の末尾に位置していた可能性である。もしそうだとすれば、結集の物語は、「律」の後序の役割を果たして「法と律」の由来を説き、その正統性を示していたことになる。

いずれにせよ、五部派の律蔵の犍度部には全て、結集の物語が含まれている。ブッダが死去した後に「法と律」が五〇〇人の弟子たちによってまとめられたという話が「律」にあるということは、「法と律」という結集仏典が出家教団によって定められ、正統化された仏典集成だ

表3　現存する三蔵のなかの結集仏典

	上座部大寺派	化地部	法蔵部	説一切有部	大衆部
「法」	長　部 中　部 相応部 増支部	― ― ― ―	長阿含 ― ― ―	長阿含 中阿含 雑阿含 ―	― ― ― ―
「律」	パーリ律 (経分別・犍度部)	五分律	四分律	十誦律 根本説一切有部律	摩訶僧祇律

ったということを如実に示している。

現存資料からさぐる

この結集仏典の原形を、現存する三蔵のなかに特定するとすれば、表3のような一覧表にまとめられる。これも、三蔵の編纂史(第二章)からこう推定されるということであって、これらの資料全てが結集仏典の原形だという意味ではない。構成は共通していても、個々の内容は相違も少なくないから、これらの資料の比較研究にもとづいて、はじめて原形だと想定しうる内容を指摘できるのである。

このうち、「法」に当たる四阿含の全体が伝存するのは、上座部大寺派のパーリ経蔵以外にないため、「法」については、五部派が共有した結集仏典の全貌を明らかにすることはできない。二、三の部派で共有されていた内容を特定するのが限界である。

これに対し、「律」は、上座部大寺派、化地部、法蔵部、説一切有部、大衆部という五部派の律蔵が残っており、その資料的価値は高い。すでに述べたように「律」は出家者の生活規則や出家教団の運営方法を説くものだから、思想的な内容には乏しいのだが、部分的ながらある程度まとまったかたちで、ブッダの伝記――いわゆる「仏伝」の原形にあたるもの――を記していることは、特筆に値する。

この「律」に含まれる仏伝的記述に焦点を当てることによって、ブッダの教えとして諸部派が共有していたものが、具体的に何だったのかを解明できるのである。

2 諸部派が共有したブッダの教え

「律」における仏伝のはじまり

「法」＝四阿含と「律」＝経分別・犍度部のうち、四阿含には、ブッダの伝記は断片的に説かれるにすぎない。四阿含所収の各経典は、基本的に「どこで、誰がブッダに出会い、ブッダは何を語ったか」を説明するものであり、さまざまな人物がやって来てブッダと言葉を交わし、ブッダが説法をするという流れで話が展開する。

たしかに、現存する四阿含のいくつかの経典では、ブッダが説法のなかで過去の出来事を回顧する場面があるし、「大般涅槃経」では彼の入滅前後の状況が詳しく説かれてはいる。しかしいずれにしろ、時系列でブッダの生涯を追う記述はない。それぞれの経典が前後の脈絡なしに、あちこちの地方でブッダが説法したことを記しているのである。

それに対して、「律」では、出家して出家教団に入る際に行う受戒に関する一章において、部分的にではあるがブッダの生涯を説明している。本書ではこれを、のちに作られる独立した仏伝作品と区別して「仏伝的記述」と呼ぼう。

「律」の仏伝的記述では、ブッダが悟った後、出会ったさまざまな人々に教えを説く場面があるため、「律」がどのような思想をブッダに帰していたのかを知ることができる。先に述べたように、「法」の四阿含と違って、「律」の仏伝的記述は五部派のヴァージョンが全て残っているから、諸部派が共有したブッダの教えを探るうえで資料的価値が極めて高い。

二〇世紀を代表する仏教学者、平川彰は、諸部派が伝承した律蔵を比較研究することによって、上座部大寺派のパーリ律、化地部の『五分律』、法蔵部の『四分律』に共有されていることの受戒制定の物語が次第に拡大し、仏伝として発展していったということを解明した(『律蔵の研究』)。

平川の研究の優れた点は、パーリ律、『五分律』、『四分律』に共通する構造に着目して、なぜ律蔵のなかの受戒の章に仏伝的記述が収録されているのかを明らかにした点にある。これら三つの「律」では、サーリプッタ（舎利弗）とモッガラーナ（目連）がブッダに帰依し、出家・受戒するところで仏伝的記述が終わっている。

平川は、出家教団が大規模となって受戒の制度が確立するまでの経緯を説明するために、「律」に仏伝的記述が組み込まれたのだと指摘した。つまり、パーリ律の仏伝的記述では、ブッダが悟った直後から語り起こし、出家教団設立直後に行っていた、制度として確立する前の受戒の作法を示している。受戒制度確立の経緯説明としてはこれで十分なのだが、『五分律』『四分律』ではそれをさらに膨らませて、釈迦族の系譜から説き起こすようになったと考えたのである。

この平川説を受けて、さらに佐々木閑は、『根本説一切有部律』が、もともと受戒の章にあった仏伝的記述を、受戒の章に不可欠な「舎利弗と目連の回心」の物語のみをそのまま残して、別の章へ移動することにより、さらに膨らませたことを明らかにした（「『根本説一切有部律』にみられる仏伝の研究」）。

大衆部の漢訳『摩訶僧祇律』には該当部分が含まれていないが、幸いにして、大衆部の支派である説出世間部《せつしゅっせけんぶ》が伝承した『大事』（*Mahāvastu*）というサンスクリット写本が残っている。『大事』は、平川彰によれば、大衆部の律蔵から仏伝的記述を抜き出して編纂された作

表4　「律」における仏伝的記述の対応

	上座部 パーリ律	化地部 五分律	法蔵部 四分律	説一切有部 根本説一切有部律	大衆部 大事
人間界の誕生				○	○
釈迦族の系譜		○	○	○	○
誕　生		○	○	○	○
成　仏		○	○	○	○
梵天勧請	○	○	○	○	○
転法輪	○	○	○	○	○
ヤサの出家	○	○	○	○	○
カッサパ三兄弟の回心	○	○	○	○	○
ビンビサーラ王の出迎え	○	○	○	○	○
舎利弗と目連の回心	○	○	○	○	○

品である(『律蔵の研究』)。

いっぽう、ヴァンサン・トゥルニエの画期的な『大事』研究によれば、『大事』は大衆部(説出世間部)の律蔵における受戒の章そのものであるという(*La formation du Mahāvastu*)。いずれにしても、この『大事』によって、大衆部系の律蔵における仏伝的記述の内容を知ることができる。

そこで、上座部大寺派、化地部、法蔵部の律蔵に加えて、『根本説一切有部律』および『大事』を比較対照し、「舎利弗と目連の回心」に到るまでの仏伝的記述の有無を表にまとめてみよう。パーリ律よりも『五分律』『四分律』、さらにそれらよりも『根本説一切有部律』『大事』のほうが記述内容が膨らんでいることが見て取れる。

こうして受戒制度が確立する経緯を説明するためにブッダの生涯を遡っていく作業から、仏伝の枠組みが生まれていった。これら仏伝的記述の共通部分から、諸部派が共有していたブッダの思想をさぐることができる。

五部派が共有するブッダの思想

では、この五部派の全てに共通する仏伝的記述は何かというと、「梵天勧請《ぼんてんかんじょう》」「転法輪《てんぽうりん》」「ヤサの出家」「カッサパ三兄弟の回心」「ビンビサーラ王の出迎え」「サーリプッタ(舎利弗)とモッガラーナ(目連)の回心」である。ここでは、とくに思想に関連する挿話に焦点を当て、パーリ律に沿ってその概要をまとめよう。

なお、ここから初期仏教思想の諸概念がいろいろと出てくるが、その内容については本書の後半で詳論する。ここではまず、キーワードとして頭に入れていただければ十分である。

【梵天勧請】　ブッダは、悟りをひらいた直後、菩提樹の下で「十二支縁起」(第五章参照)を観察した。その後、七日ごとに場所を変えながら、坐を組んで解脱の喜びを味わっていた。

タプッサとバッリカという二人の商人がブッダに麦菓子と蜜団子を施し、ブッダと、ブッダの教えに対する帰依を表明した。この二人が最初の在家信者になった。

図10　タプッサとバッリカの帰依

その後もブッダが坐を組んで集中していると、自らが観察した縁起の内容があまりに深いために、快楽に耽っている人々には理解してもらえまいという考えが思い浮かび、教えを説かない方に心が傾いていた。

するとブラフマン神（梵天）がそれを知って、ブッダの目の前に現れ、ブッダに対し、敬意を表する姿勢で、教えを人々に説くよう三度要請した。ブッダは、世間を観察して、資質の優れた者も劣った者もいるのを見ると、ブラフマン神の懇願を受け入れて、伝道の旅に出た。

【転法輪】　ブッダは、すみやかに教えを理解してくれそうな人物に思いを馳せて、修行していたときに支えてくれた五人の修行者に教えを説くことにする。そこでバーラーナシーに赴いた。鹿野《ろくや》苑《おん》にいたコンダンニャ、ヴァッパ、バッディヤ、マハーナーマ、アッサジという五人に対し、最初に教えを説いた。

まず、快楽と苦行の両方を離れた「中道」を説き、「四聖諦《ししょうたい》」

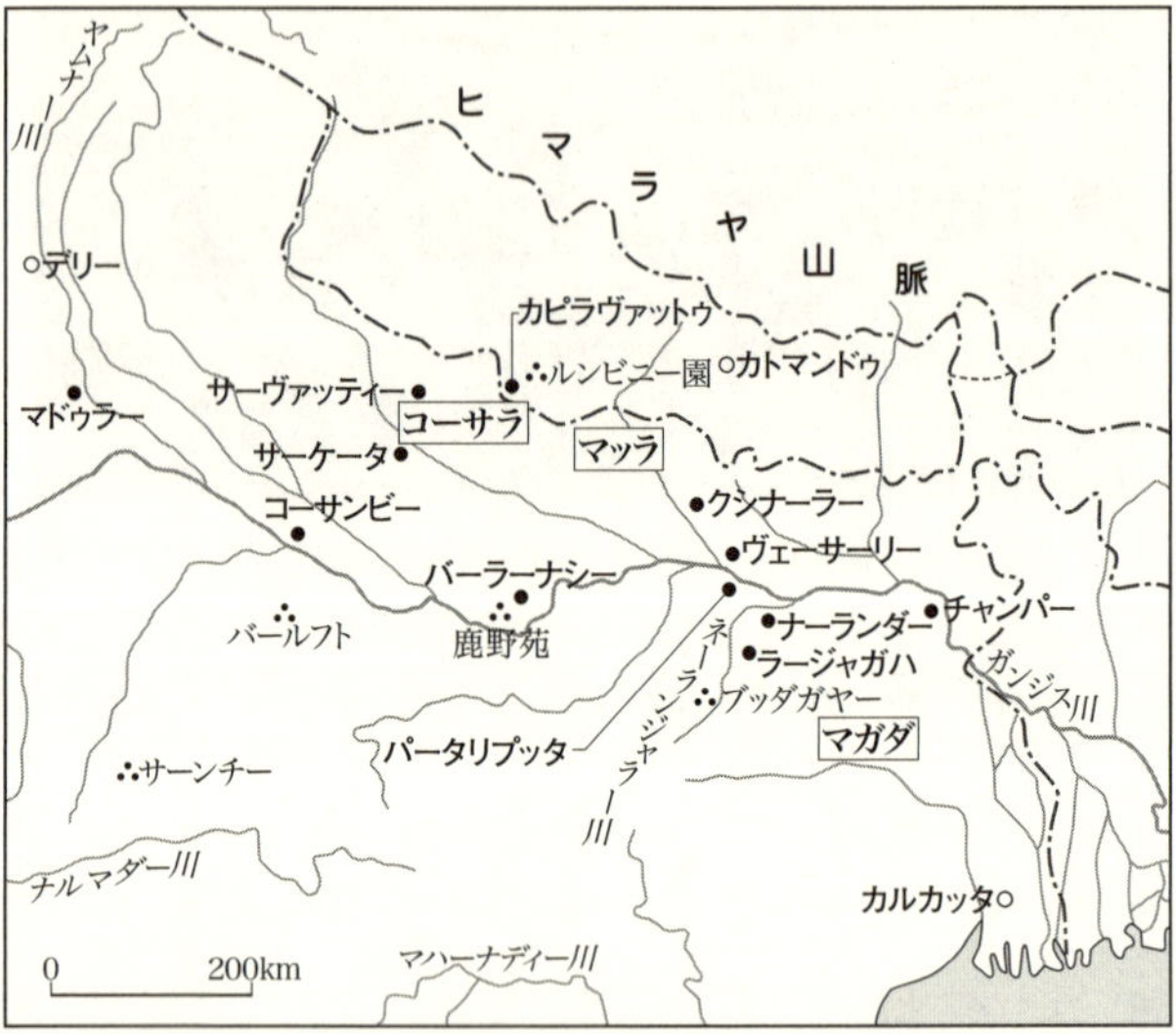

図11　仏典関連地図

を説いた(第五・六章参照)。この説明の直後に、四聖諦の知によりブッダが解脱したことを、ブッダ自身が語る。

すなわち、①苦聖諦はこのようであり、②知り尽くすべきであり、③知り尽くした。④苦集聖諦はこのようであり、⑤打ち捨てるべきであり、⑥打ち捨てた。⑦苦滅聖諦はこのようであり、⑧目の当たりにすべきであり、⑨目の当たりにした。⑩苦滅道聖諦はこのようであり、⑪実践すべきであり、⑫実践した。以上の一二項目についての知が生じたときに、ブッダは「無上の悟りを悟った」と認め、解脱したと知ったという。

このように説かれて、五人の修行者は

歓喜し、コンダンニャは、知見を得た。ブッダは、「ああ、コンダンニャは知った、コンダンニャは知った」と感興の言葉を発した。

コンダンニャは、ブッダの下で出家し、受戒したいと申し出る。ブッダは、こう答えて、出家を認めた。この言葉が、受戒制度が確立する前の、ブッダによる出家の承認だった。

来たれ！　教えはよく説かれた。苦の終息のために、正しく禁欲的修行生活を行え。

（『律蔵』「大品」）

かくしてコンダンニャが、ブッダの下で出家した最初の者となった。他の四人も次々と知見を得、ブッダの下で同様に出家した。こうして、仏教の出家教団が成立する。

さらにブッダが、「五蘊」は「私のもの」でも、「私」でも、「私の自己」でもないことを教えると（第五章参照）、五人はみな解脱した。

【ヤサの出家】　バーラーナシーに資産家の息子で、ヤサという華奢な青年がいた。彼は、雨季の間、屋敷にある高楼のなかで、女だけで演奏する音楽にもてなされ、外に出なかった。ある夜中に眼が覚めて、自分の侍女たちが眠っているのを見ると、琵琶をかかえ、鼓をかかえて、髪を乱し、よだれを流し、寝言を言っている姿に嫌悪感が生まれた。

屋敷を出て、鹿野苑に行くと、ブッダに出会った。「ああ、嫌だ。ああ、厭わしい」と口にしたヤサに対し、ブッダは「ここには厭わしいことはない」と答えて、ヤサを坐らせた。そしてヤサに「施、戒、生天」を説いてから、「諸仏の卓越した教示」である「四聖諦」を明かすという「次第説法」をした(第四章参照)。それを聞いたヤサには、知見が生じた。

ヤサが屋敷にいないことに気づいた父親が、ヤサのサンダルの跡をたどって、鹿野苑のブッダのところまでやってきた。ブッダは父親にも「次第説法」をすると、彼にも知見が生じた。

こうしてヤサの父親は、三宝に帰依して、在家信者となった。彼は最初に三宝に帰依した在家信者である(タプッサとバッリカのときは出家教団がなかったので、ブッダとブッダの教えに帰依しただけだった)。また、それを聞いていたヤサは、解脱して、ブッダの下で出家した。

ヤサの父親に食事に招かれたブッダは、ヤサを連れて彼の家へ行った。そしてヤサの母親ともとの妻に出会って、「次第説法」をすると、この二人も知見を得た。彼女たちは、三宝に帰依して、在家信者となった。この二人が最初の女性在家信者である。

ヤサの四人の資産家の友人や、五〇人の古い家柄の友人は、ヤサが出家したことに好奇心を抱き、ヤサに会いに来た。ブッダが「次第説法」をすると、全員が知見を得て、出家し、さらに教えを聞いて解脱した。

こうして出家者の人数が多くなり、各地に出家者が遊行するようになると、新たな出家希望者をブッダの下に連れてきて出家させることが困難になり、ブッダに会わなくとも、三宝に帰依することによって出家を認めるとブッダが定めた。

【カッサパ三兄弟の回心】　ブッダがウルヴェーラーに到着すると、ウルヴェーラーにいた隠棲祭官のカッサパ三兄弟に出会った。ウルヴェーラ・カッサパは五〇〇人、ナディー・カッサパは三〇〇人、ガヤー・カッサパは二〇〇人の弟子をもっていた。ブッダに会うと、カッサパ三兄弟はじめ、その弟子千人がブッダの下で出家した。

ブッダは、ガヤーシーサ山で、カッサパ三兄弟ら千人の出家者たちに対して、眼と色形と眼による認識(にはじまる十八界)、三者の接触、接触から生じる感受というこれら「一切が燃やされている」という教えを説いた(第六章参照)。千人の出家者たちはみな解脱した。

【ビンビサーラ王の出迎え】　ブッダは彼ら千人の出家者たちとともに、ガヤーシーサ山からマガダ国の都ラージャガハに到着した。ブッダの噂を耳にしたビンビサーラ王は、一二万人ものマガダ国の祭官や資産家たちと共に、ブッダとその弟子たちを出迎えた。

ブッダは彼らに対しても「次第説法」をした。ビンビサーラ王をはじめとして、一二万人が知見を得、そのうち一万人が在家信者となった。

こうして三宝への帰依を表明したビンビサーラ王は、ブッダと出家者たちを王宮に招いて、自ら給仕してご馳走した。そして、街から近すぎず、遠すぎず、往来に容易で、静かな場所にある竹林を寄付した。これが出家教団に寄付された最初の土地であり、竹林精舎のはじまりである。

【サーリプッタとモッガラーナの回心】 こうしてブッダが弟子たちとともにラージャガハに滞在しているとき、サンジャヤという遍歴行者の弟子だったサーリプッタは、ブッダの弟子アッサジから聞いた詩を聞いて心を打たれ、同門の友人モッガラーナにその詩を教えると、彼もまた心を打たれた。こうして二人とも知見を得て、ブッダの弟子となることを決める。

師サンジャヤの反対にもかかわらず、サーリプッタとモッガラーナは、二人について行くことを選んだ二五〇人の行者とともに竹林精舎へ向かった。弟子に去られたサンジャヤは血を吐いたという。

サーリプッタとモッガラーナは二五〇人を伴ってブッダの下へやって来て、弟子となった。二人は解脱し、ブッダは彼らが自らの弟子のなかで賢者の双璧となることを予言する。

表5 「律」の仏伝的記述における「ブッダの教え」

	上座部	化地部	法蔵部	説一切有部	大衆部
十二支縁起（梵天勧請）	1-2	102c-103a	786bc. cf. 648ab.	127	314 cf. 446-449
四聖諦・五蘊（転法輪）	10-14	104b-105b	788a-789b	134-139	331-340
施，戒，生天（ヤサ／ビンビサーラ）	15-20, 23, 36-37	105b, 110ac	606a, 789bc, 797c	140-144	408-409, 412-413
十二処・十八界（カッサパ三兄弟）	34-35	109c	797a	230-231	cf. 66

仏伝的記述はおおよそここで終わり、この後は受戒にかんする規則が定められる。今や大規模となった出家教団において、ここに定められる受戒作法が正規のものとして確立する。

五部派の「律」に共通するこれらの仏伝的記述において、ブッダはどんな教えを説いているのだろうか。文献情報は本書巻末の「付記」に譲り、ここではその内容を表5にまとめてみた。すると、細かな相違はさまざまあるものの、ブッダが「施、戒、生天」「四聖諦」「十二支縁起」「五蘊」「十八界（または十二処）」を教えたと伝承している点で、ほぼ一致することがわかる。

じつは、平川彰は、紀元前三世紀までに「律」の仏伝的記述が成立していたと推定していた。アショーカ王碑文で「七種の法門」の第一が仏伝的記述で頻繁に出てくる「諸仏の卓越した教示」を指すと想定されることにもとづき、当時すでに「律」に仏伝的記述がまとめられていたと考えた(『律蔵の研究』II)。もしこの平川説が正しければ、本節が取り上げた「ブッダの思想」は紀元前三世紀以前に遡ることになる。

仏伝的記述と成仏伝承との対応

さらに、「律」の仏伝的記述におけるこれらブッダの教えを、ブッダ自身が悟りを開いた経緯を語る他の仏典と比較すると、よく対応していることがわかる。議論がいささかこみいってきたが、もうすこしおつきあいいただき、最後にこの点を確認してみよう。

ゴータマは、悟りに達してブッダと成った(成仏)後で弟子たちに教えを説き始めたわけだから、彼が具体的に何を認識することで自ら悟ったのかは、当然、のちに彼が説いた教えと密接に関係している(と仏典伝承者は考えていた)はずである。ここでは、便宜上、ブッダが悟りに達した過程を説く伝承を「成仏伝承」と呼んでおこう。

各部派の「成仏伝承」が完全に残っているわけではないが、伝存する仏典の多くでは、「四聖諦」「縁起」あるいは「五蘊・六処」の思想を認識することにより成仏したと伝承されている。

【四聖諦】　ブッダは四聖諦を認識することにより悟ったとするのは、仏典で最も多い説明である。「律」の仏伝的記述にもそうした四聖諦の認識による成仏伝承があり、五部派で共有されていることは、すでに前項で述べたとおりである。

さらに、ブッダが「三つの明知」(P. tisso vijjā)を得ることで解脱したという、「法」＝四阿含のなかで最も典型的な成仏伝承がある。菩提樹の下で、初夜に「第一の明知」を得、中夜に「第二の明知」を得、後夜に「第三の明知」を得たと説かれる(『中部』三六「サッチャカ大経」など)。

この「三つの明知」という言葉は、古代インドにおいてはもともと「三ヴェーダ」を意味していた。第一章でもふれたように、三ヴェーダとは、バラモン教の聖典『リグ・ヴェーダ』『サーマ・ヴェーダ』『ヤジュル・ヴェーダ』を指す。

これに対し、仏教は、この「三つの明知」という言葉をまったく別の意味に言い換えて用いた。第一の明知を自らの「過去の生涯を想起する知」(宿命知《しゅくみょうち》)として、第二の明知を生きる者たちの「死と再生の知」(死生知《ししょうち》)として、第三の明知を「煩悩の滅尽知」(漏尽知《ろじんち》)として解釈したのである。そして、この第三の明知は、「四聖諦」の認識によって得られるとされる。

【縁起】　縁起を認識することでブッダと成ったという伝承もある(『長部』一四「大譬喩経」／

『相応部』一二・六五「城邑経」）。「大譬喩経」では、過去仏ヴィパッシンが「十二支縁起」を悟り、「城邑経」ではブッダが「十支縁起」を悟る。

「城邑経」は、ブッダが弟子たちを前にして、自分がかつて「十支縁起」を悟った経緯を回想するという形式をとる。そこでブッダは、ちょうどジャングルをさまよう人が古人のたどった道を発見し、その道を進んで古い街を発見するように、過去仏たちがたどった古い道を自分も発見して、十支縁起を悟ったのだと説く。

つづいて「城邑経」では、この古い道とは「八聖道《はっしょうどう》」のことであり、八聖道に沿って進んで縁起を悟ることが説明されている。さらに、その末尾では、各縁起支の「原因」（集）、「停止」（滅）、「道」を認識すると説き、縁起を四聖諦と組み合わせて示している。

【五蘊・六処】　人間やこの世界を構成している諸要素から享楽と艱難が生まれるということを認識し、ゆえにそれら諸要素から離れることを知って、ブッダと成ったという伝承もある（『相応部』二二・二六「味楽経」、三五・一三「正覚経」）。ここで述べられる諸要素とは、おもに「五蘊」や「六処」を指している。

このように、「成仏伝承」に説かれる「ブッダの悟り」の内容は、「律」の仏伝的記述において説かれる「ブッダの教え」の内容と、よく対応する。すなわち「四聖諦」「縁起」「五蘊・六処」、および六処と構造を共有する「十二処・十八界」は、諸部派の出家教団でともに中心的教理に位置づけられているのである。

以上の検討にもとづいて、次節ではさらに進んで、これらの教えが紀元前に存在しており、初期仏教の時代まで遡る思想であるのかどうかを検討しよう。

3　初期仏教の思想を特定する

ガンダーラ写本の衝撃

近代の仏教研究は、たびたび写本の発見によって飛躍的な発展を遂げてきた。一八二〇年代にネパールでサンスクリット写本が発見されると、文献学にもとづく近代的な仏教研究が始まり、一九世紀末から二〇世紀初頭にかけて中央アジアで各国の探検隊によりサンスクリット写本が発見されると、説一切有部や大乗仏典の研究が進展した。

しかし、一九九〇年代中頃に始まるガンダーラ写本の発見は、近代仏教学の歴史のなかでも衝撃的なものだった。なぜなら、ネパールや中央アジアのサンスクリット写本の作られた年代

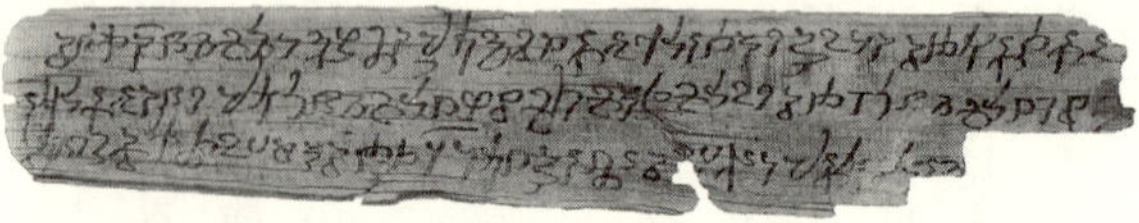

図 12　ガンダーラ写本．カローシュティー文字で書かれた「涅槃経」の断片(後 2–3 世紀)

が古くともせいぜい紀元後七―八世紀なのに対し、ガンダーラ写本は紀元前後から紀元後三―四世紀のものと考えられ、それまでの年代をはるかに遡るものだったからである。

旧ソビエト連邦のアフガニスタン侵攻によって始まったアフガニスタンの長い内戦を背景として、仏教写本が国外へ持ち出され、古美術マーケットに流出した。仏教写本研究で世界的に活躍する松田和信によれば、貝葉《ばいよう》(椰子などの葉)、樺皮、獣皮などで作られた写本には、カローシュティー文字あるいはブラーフミー文字でガンダーラ語やサンスクリット語の仏典が書写されている。その総数は、断片も含めると一万点以上にのぼるという。

第二章で述べたように仏典の書写が紀元前後に始まったとするなら、ガンダーラ写本はまさにその同時代の仏典の姿を、いま我々に示していることになる。ミュンヘン大学やワシントン大学を中心とする研究者たちにより、従来の定説を揺るがす報告が相次いでいる。

たとえば、ガンダーラ写本では、三蔵が現在のパーリ仏典に見られるようなまとまった形で存在していたことを示す写本が確認されていないのである。

四阿含のうち、大部の集成としての『増一阿含』の存在は三世紀頃のガンダーラ写本に確認でき、また、四世紀末には『長阿含』『中阿含』が漢訳されていることがわかっているから、三―四世紀を四阿含成立の下限年代として問題ない。しかし、紀元前後から一―二世紀までの仏典全体の編纂状況については、解釈が大きく分かれるところである。

紀元前の仏典が口頭伝承だったことをふまえて、現存最古の資料であるガンダーラ写本と、もうひとつの大きな手がかりである初期漢訳仏典とを俯瞰するならば、仏典の体系化と書写のはじまりとの関係について、次のように解釈が二つに分かれることになるだろう。

(A)「法」＝四阿含と「律」＝経分別・犍度部という結集仏典が、紀元前にすでに口頭伝承としてほぼ現在と同じ形で体系的に成立していたという可能性。この場合、それらに含まれる経典は、その全体が書写されることはなかったか、あるいは、全体を書写したものが今日まで残らなかったことになる。膨大な量に上る結集仏典からの抜粋のみが、ガンダーラ写本として、あるいは漢訳として伝存しているということになる。

(B)「法」＝四阿含と「律」＝経分別・犍度部が、紀元後に徐々に体系化されていった可能性。この場合、口頭伝承段階の結集仏典では、さまざまな経典が雑多に伝承されていたことになる。そして紀元前後から書写が始まると、これらの経典を主題ごとにとか、または各経に出てくる数字ごとになどといった方法でまとめ直して書写するようになり、三―四世紀までには四阿含という形式での編纂を完了した。また、「律」についても、口頭伝承されていた波羅提木叉などが一―二世紀に書写されるようになり、三―四世紀に経分別や犍度部を含む大部の集成が編纂された。

現時点では、いずれが正しいのかを確定することはできない。筆者自身は、結集仏典の原形に属する経典自体のなかに、それらを「書写した」ことをうかがわせる記述がないため、(A)の可能性を想定している。しかし、それ以上の根拠はない。

かつてオスカー・フォン・ヒニューバーは、文体の比較研究にもとづき、現存の律蔵は書写が開始されてから編纂されたものだと論じた。もしその説が正しければ、「律」の編纂時期は紀元前後まで下ることを想定しなければならなくなるだろう。

いずれにせよ、現段階では(A)と(B)との両方の可能性をふまえたうえで、初期仏教について実証的に論じうる事柄が取り上げられなければならない。

本書が扱う「ブッダの思想」

テキストの成立という点では、こうして重要な点が不明なままである。しかし、思想の成立という点では、かなりの程度はっきりとしたことが言える。諸部派、少なくとも上座部大寺派・化地部・法蔵部・説一切有部・大衆部の結集仏典で共通して伝承される「布施」「戒」「四聖諦」「縁起」「五蘊」「六処」などの教えは、初期仏教の時代、すなわち遅くとも紀元前後までに成立していたといえる。

というのは、紀元後一―二世紀のガンダーラ写本にも、二世紀に訳出された漢訳仏典にも、一―二世紀に著されたアシュヴァゴーシャ(馬鳴)の作品にも、これらの教えは広く説かれているからである。そのなかでも注目すべきは、次の点である。

第一に、ブッダの生涯を叙述する仏伝作品として、二世紀に漢訳された康孟詳《こうもうしょう》訳『中本起経』や、アシュヴァゴーシャの『ブッダの所行(ブッダチャリタ)』がある。これらにもブッダの教えとして上記は全て取り上げられている。

第二に、仏典の最初の漢訳者であり、おそらく説一切有部に属した二世紀の安世高《あんせいこう》が訳した経典にも、上記の教えが認められる。また広い意味で説一切有部系と考えられるアシュヴァゴーシャの『端正なナンダ（サウンダラナンダ）』にも、修行者の学習・実践の内容として上記の教えが認められる。したがって、一―二世紀以前にこれらの教えが説一切有部に定着していたことがわかる。

第三に、数ある大乗仏典のなかでも最初期に成立したと考えられる『八千頌般若経《はっせんじゅはんにゃきょう》』が手がかりとなる。近年、その一部を書写したガンダーラ写本が発見され、写本の炭素測定から作られた年代が紀元後一世紀であることが判明した。この経典はすでに二世紀には漢訳がなされており（『道行般若経《どうぎょうはんにゃきょう》』）、そこにも上記の教えは説かれている。

以上の事実をふまえると、諸部派がブッダの教えとして共有した「布施」「戒」「四聖諦」「縁起」「五蘊」「六処」などの教えは、紀元前に、かつ大乗仏教の興起以前に存在していたことがわかる。これらが初期仏教で広く伝承されていた思想であることは確実である。初期仏教の思想における「主旋律」があったとすれば、これらを措いて他にない。

本書後半では、これらの思想を具体的に論じていくが、用いる資料は基本的に、五部派に共有されている「律」の仏伝的記述である。そして、その内容を補強する資料として、複数の部派に共有されたことが確認できる「法」の四阿含を用いる。原典から引用する場合はパーリ仏典によるが、それらは全て、上座部大寺派以外の部派の阿含にも対応部分がある箇所である

（巻末「引用経典対照表」参照）。

以上の方法により、ブッダの思想を、インド思想史の広い文脈をも意識しながら、考察していこう。

第 4 章　贈与と自律

ブッダガヤーの金剛宝座．ブッダを象徴する菩提樹

1　順序だてて教えを説く

聞き手に合わせる

ブッダは、何の社会的・文化的前提もないところで教えを説いたわけではなかった。当時、死後に天界へ再生することを願う生天《しょうてん》信仰や、あらゆる生命は生まれ変わりを繰り返すという輪廻思想がすでに存在しており、それらを前提として教えを説いたのである。

ブッダの教えをこうした歴史的文脈で理解するために参考になるのは、「シンガーラ教誡《きょうかい》経《きょう》」である(『長部』三一)。「六方礼経《ろっぽうらいきょう》」とも呼ばれるこの経典は、初期仏教が信者ではない人々に対してどのように接したのかを、具体的に示してくれる。

シンガーラカという人物が、父の遺言によって東西南北上下という六つの方角を礼拝していた。托鉢でそこを通りかかったブッダは、その礼拝行為を迷信として否定せずに、礼拝にかこつけて生活の指針を語る。「四つの悪行」、「六つの財産を失う行為」、「四種の偽の友」、「四種の善き友」を説明したうえで、東方を父母、南方を師、西方を妻子、北方を朋友、下方を奴隷や使用人、上方を行者や祭官になぞらえ、これらの人々との倫理的関係を説く。

「四つの悪行」としては、生き物を殺すこと、盗み、虚言、配偶者以外との性行為が挙げられる。「六つの財産を失う行為」としては、飲酒、時ならず道を歩くこと（古代インドの夜は危なかった）、見世物、賭博、悪友との交際、怠惰が挙げられる。

ブッダは、これらから離れるよう説くのだが、このうち、四つの悪行と飲酒とをなさないことが、在家信者が守るべき「五戒」にあたる。

「四種の偽の友」とは、ものを与えずに取る一方の者、言葉だけを大事にする者、良いことでも悪いことでも同意し、また面前で称賛して陰で非難するような甘言を弄する者、破滅させる者である。「四種の善き友」とは、助けてくれる者、苦楽を共にする者、悪を防止し、善に入らせ、天界に再生する道を教える者、憐れみのある者である。

この経典からは、仏教信者ではない者が信じていることを生かしつつ、そこに倫理的な意味を盛り込んでいることがわかる。聞き手に合わせて、教えを説くのである。

このように、初期仏教は、古代インド社会という前提に立って思想を展開した。具体的には、生天信仰の文脈で「贈与」と「習慣」を説き（第１節）、業《ごう》と輪廻の文脈で「十の善行」と「十の悪行」を説いたのである(第2節)。生天であれ、輪廻であれ、自らの行為の結果は自らに返ってくるという自業自得の論理を継承しつつ、徳目を積極的に採用した。これら個々の内容は、仏教以外でも説かれていたものである。

しかし、仏教が天界への再生や輪廻を論じるのは、単なる模倣ではない。仏教では、もともと再生の条件とされていた祭式や、輪廻から解脱する方法だった苦行を必要ないかたちに組み替えて、それらを説いている。そして、一貫して、〈贈与と自律〉を善とするのである。

このような行為論に立って、初期仏教は、当時の社会思想も転換した。社会階級の伝統的モデルであった「四姓」を社会契約論によって再解釈し、為政者の正統性を宇宙的秩序にではなく、為政者の行為そのものに求めた(第3節)。

この大きな方向性を念頭に置いて、初期仏教が個々の文脈でどのような教えを展開しているかを見ていきたい。

未信者への教え

人が未来について抱く観念は、現在の生き方を左右する。景気がこれから上向くと信じれば、投資に乗り出し、悪くなると信じれば、節約して貯金する。現代では未来予測がころころと変わるけれども、未来の観念が現在の行為を左右するという点では、古代も現代も大差はない。

第一章で詳しく述べたように、古代インドのヴェーダ的世界観においては、天界という来世を信じることが現世での行動を規定し、社会の規範を支えていた。死後、祖霊たちが暮らす天界に再生することができると信じたから、人々は、神々に供物を捧げて祭式を行い、祭官に報酬を払ったのである。言わば、生天信仰がアーリヤ人社会の威信経済を支えていた。

逆に、死後の世界はないと信じていれば、社会の規範は失われかねない。実際、ブッダと同時代に活躍していた唯物論者たちは、死によって人間は無に帰し、死後はなく、善悪も存在しないと主張した。死後の世界がなければ祭式の意義も失われるから、唯物論は、アーリヤ人の信仰を根底から覆すものだった。

このような状況下で活動したブッダは、仏教を信じていない人々に対し、「順序だった話」を意味する「次第説法《しだいせっぽう》」(P. ānupubbīkathā)を行った。「次第説法」の一節は定型文であり、同じ表現が繰り返されるが、ここでは一例として、第三章でも紹介した青年ヤサにブッダが会った場面を引用しよう。

良家の息子ヤサに対し、世尊は順序だった話を話した。すなわち、贈与の話(施論)、習慣の話（戒論）、天界の話（生天論）、もろもろの快楽の〔もたらす〕危険と堕落と汚濁、そして出離における功徳を説き明かした。世尊は、良家の息子ヤサが健全な心、柔軟な心、偏見のない心、歓喜の心、澄んだ心になったことを知ると、そこで、諸仏の卓越した説法を説き明かした。すなわち、苦と原因と停止と道である。

（『律蔵』「大品」）

つまりここでは、信者ではない者に対する第一段階の教えとしての「贈与（施）、習慣（戒）、天界（生天）」と、聞き手にさらなる教えを聞く準備ができた第二段階の教えとしての「苦、原因、停止、道」すなわち「四聖諦《ししょうたい》」とが、区別されている。仏教を知らない聞き手にふさわしい教えを説いたうえで、それを聞いて心が澄んだ者には、仏教の核心となる「諸仏の卓越した説法」を説くのである。

第一段階の教えが「贈与、習慣、天界」という順序になっているのは、前二者を実践することによって、天界への再生が実現するからである。聞き手が抱いていたであろう願望を前提として、贈与の実践と正しい習慣の定着を促したのである。

贈与（布施）

ここで贈与を意味する原語「ダーナ」(S. P. dāna)は、インド・ヨーロッパ祖語に遡る古い語彙のひとつであり、英語のdonation(寄付)、donor(寄付者)と同じ語源を共有している。漢訳では「布施」と意訳し、「檀那」と音写した。日本で「檀那」が転じて「旦那」となったのは、男性配偶者に女性配偶者への贈与が期待されていたのであろう。

仏教が説く贈与は、主に、出家者への食事や薬、衣などの生活用品の提供を意味した。出家者に衣の布を施すことは主要な贈与のひとつであり、出家教団では在家信者の施しを受けて衣を新調する儀礼が毎年行われた。

贈与にはさまざまな対象がありえたが、解脱した者や、将来に解脱することが確定した者は、とくに贈与に価するとされ、幸福を生み出す田に喩えて「福田」(P. puññakhetta)と呼ばれた(『増支部』二・四・四「施経」)。田に植えた種が実って収穫が得られるように、贈与の功徳によって天界に赴くというわけである。

仏典によれば、贈与は個人への贈与と出家教団への贈与とに分類できる。個人への贈与の場合、解脱した者と将来に解脱することが確定した者の他に、欲を離れた他教の信者、よい行動様式を身につけている者、身につけていない者、動物(あるいは、病に苦しむ人)に対する贈与がある。

これらの贈与にはそれぞれ功徳があるという意味で、贈与自体に価値があることが認められている。しかし、個人への贈与のなかではブッダに対する贈与が最も大きい功徳を生むとされ、さらに、ブッダに対する贈与よりも、出家教団へ贈与する方が功徳はさらに大きいという。つまり、出家教団への贈与こそが最も勧められるのである（『中部』一四二「施分別経」）。

個々の出家者が直接所有できるものは衣や鉢に限られるが、出家者の集団としては所有可能なものの幅が広がる。たとえば、出家者は、土地や建物を私有することはできないとはいえ、いつも野宿していたわけではない。裕福な商人や王は、出家教団に土地や居住施設を寄贈することがあった。出家教団の所有物は原則として共有されることになるので、出家者たちはこれらの建物に暮らすことができたのである。

この点、出家教団は、今日の社会では「法人」に当たる概念である。法人に何ら実体はないが、人々の合意において一個の人格のように機能していて、法人が所有し、構成員の生活を支えることができる。あらゆる法人のなかで最も古いのは、宗教法人なのである。

仏教の出家教団が果たした経済的役割は、この法人を運営するに当たって、いわばクラウドファンディングを行ったことである。もし全ての人が物とお金を貯めこんで使わなければ、経済が停滞してしまうが、贈与の奨励による法人のクラウドファンディングはそれ以前になかった新たなお金の流れを生むだろう。

ここに、部族の蕩尽経済とも市場の貨幣経済とも異なる新たな経済活動が生まれることになる。

習慣(戒)

仏教の「戒」には、この訳語から誤って想像されがちな、一神教で神が命じる戒め、たとえば「モーセの十戒」のような意味はない。神の命に従うとか、神に誓うというニュアンスは、そこにはないのである。

「戒」の原語「シーラ」(S. śīla, P. sīla)は、習慣を意味する。言葉の意味としては「良い習慣」も「悪い習慣」も含みうるが、言うまでもなく、仏教の「戒」とは良い習慣を意味し、身につけるべき正しい行動様式を指している。

「戒」が習慣を意味するという、このこと自体が重要である。たとえいやいや始めたとしても、習慣化することによって、自然な振る舞いとなり、努めて行う必要がなくなる。仏教がこの語を用いたのは、習慣化に倫理的効用があることを見出していたからに他ならない。

仏教には、在家信者の戒として次の五条から成る「五戒」がある。

不殺生戒《ふせっしょうかい》　生き物を殺さないこと
不偸盗戒《ふちゅうとうかい》　与えられていないものを取らない（盗まない）こと
不邪淫戒《ふじゃいんかい》　性的快楽における誤った行為（配偶者以外との性行為）をしないこと
不妄語戒《ふもうごかい》　虚言をなさないこと
不飲酒戒《ふおんじゅかい》　穀物酒・果実酒といった酒による放逸の原因（飲酒）をなさないこと

五戒のうち、五番目の不飲酒戒以外の四戒は他者に対する行為である。他者に対する倫理は、仏教においてまず身につけるべき行動様式なのである。

四戒に対し、不飲酒戒は理由が異なる。酒を飲むと、酔って意識が混濁し、正しい意思にもとづく生活様式を維持できなくなるからである。行為の根本である「意思」を正しく保ち、他者に対する言葉や行為を正しくしなければならない。

月に六回、新月や満月の日などの斎日には、在家信者は「八斎戒《はっさいかい》」を守るよう勧められる。八斎戒の冒頭五条は五戒とほぼ同じだが、配偶者以外との性行為を禁ずる不邪淫戒は、八斎戒では「性行為をしないこと」（不淫戒）になる。

さらに、第六に「時ならぬ(正午以降の)食事をしないこと」、第七に「歌舞音曲を見聞きせず、花輪や香料で身を飾らないこと」、第八に「高い寝床・大きな寝床をやめること(地上に敷いた寝具で横になること)」の三戒が続いて、合計八つとなる。斎日には、五戒に加えて、性的禁欲と衣食住に対する禁欲を実践するのである。

この八斎戒は、見習いの出家者(沙弥・沙弥尼)が守る「十戒」のなかの九条(十戒の第七条と第八条が八斎戒では第七条にまとめられる)と同じであり、十戒の場合には、これに「金・銀を手に入れないこと」が加わる。十戒から見ると、八斎戒は、在家信者が出家生活を部分的に模倣して、定期的な禁欲を促すものであることがわかる。

五戒と八斎戒の両方を要約するなら、在家信者の生活様式は、飲酒を避けつつ、他者に対する非倫理的言動をやめ(五戒)、定期的な禁欲習慣を身につけること(八斎戒)である。

贈与とともに、他者への倫理と定期的な禁欲が、天界に再生する道であるというのが、未信者に対する第一段階の教えである。仏教以前から存在していた生天信仰を、祭式から切り離し、贈与と良い習慣をその条件とすることによって「倫理化」しているのである。

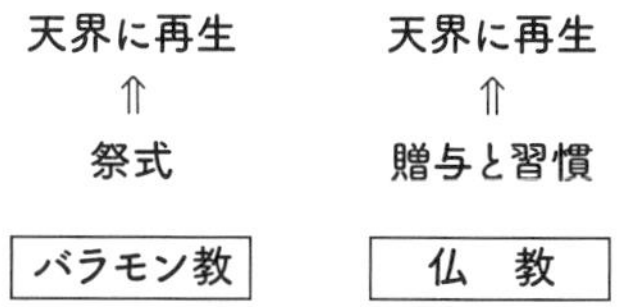

図13　生天論

2 「行為」の意味を転換する

行為の善悪

インドに進入したアーリヤ人がまずインダス川上流の五河地域に定住し、やがてガンジス川流域に勢力を伸ばしていったことは第一章に述べた。インド思想史家ヨハネス・ブロンクホルストは、ガンジス川流域を「広域マガダ」と命名して、伝統的なアーリヤ人社会が存在したインダス川上流の五河地域と区別した。そして、ウパニシャッド哲学やジャイナ教などが説く輪廻は、ヴェーダ文化の及んでいなかったこの地域で育まれた思想だと論じた(*Greater Magadha*)。

近年のヴェーダ研究の成果から見て、ブロンクホルスト説は批判的に再検討される必要がある。しかし、輪廻思想がヴェーダ起源であるにせよ、非ヴェーダ文化の所産であるにせよ、仏教が成立する以前に、彼がいう「広域マガダ」で輪廻思想が広まっていたことは疑う余地がない。

初期仏教は、すでに存在していた輪廻思想を継承しつつ、独自の輪廻観を形成した。仏典では、生命をもち輪廻する存在として、神々、人間、飢えた亡者(餓鬼)、動物、地獄に生まれた者という五つを挙げている。これを「五趣《ごしゅ》」という。後には、「五趣」に阿修羅を加えて「六道《りくどう》」という考えが生まれて、東アジアに定着した。

仏教の輪廻観では、行った言動は、その善悪に沿って、必ず自らに返ってくるとされる。言動が善であれば快い結果(楽果)を、悪であれば苦しい結果(苦果)を生み出す。言動が善でも悪でもなければ、どちらでもない結果となる。現世で行った行為は、この生で、あるいは転生した次の生で、さもなければ、その後で必ず結果をもたらす。文字通り「自業自得」の思想である(『中部』一三五「業分別小経」／一三六「業分別大経」)。

アショーカ王碑文にある「七種の法門」のひとつに想定されている仏典によれば、身体による行為・言語による行為・意による行為にかんして、自己や他者に対する善は快い結果(楽果)を生むが、自己や他者に対する悪は苦しい結果(苦果)を生む(『中部』六一「アンバラッティカー・ラーフラ教誡経」)。

それでは、行為の善悪にはどのような基準があるのか。仏典で最も頻繁に言及される善悪の行為として、「十の善行(十善業道《じゅうぜんごうどう》)」と「十の悪行(十不善業道《じゅうふぜんごうどう》)」が挙げられる(『長部』三三「結集経」)。次に列挙するのは「十の悪行」であり、「十の善行」とはこの「十の悪行」から離れることである。なお、「十の善行」の冒頭四条は前述の五戒のうちの四つと合致する。

一、生き物を殺すこと
二、与えられないものを取ること（盗み）
三、性的快楽における誤った行為（配偶者以外との性行為）
四、虚言
五、中傷の言葉
六、粗暴な言葉
七、軽薄な駄弁
八、欲求
九、害意
十、誤った見解

よく似た十種の悪行のリストは、『マヌ法典』（七・三—七）や『マハーバーラタ』（一三・一三・二—六）にも挙がっているから、これも仏教独自のものではなく、古代インド社会で共有されていた考え方であろう。

ただし、『マヌ法典』では「儀礼の規定によらない」殺生が禁じられるのに対し、仏典では殺生全般の禁止である。祭式で神に犠牲獣を捧げる行為も戒めているという点で、仏教のほうがより厳格に不殺生を説いていると言える。

意思としての行為

仏教のこうした輪廻思想は、先行する輪廻思想を継承したものであり、善悪の基準も、古代インド社会で広く認められた道徳と大差はない。では仏教の独自性はどこにあるのかというと、輪廻思想の核となる「行為」(S. karman, P. kamma. 漢訳では「業《ごう》」)の意味を大きく転換した点にある。

仏典は、行為を「意思」(S. P. cetanā)と定義する。パーリ仏典では、ブッダは次のように説く。

私は、意思を行為と説く。思ってから、身体・言語・意によって行為をなす。

(『増支部』六・六三「洞察経」)

漢訳、チベット語訳、サンスクリット語対応文はこれと微妙に異なり、意思という行為と、意思にもとづく身体行為・言語行為とに分類するが、身体を突き動かし、言葉を発させる内発的な原動力によって、行為が起こるという理解は共通している。

この行為論は、前項で取り上げた行為の善悪を別の角度から説明してくれる。すなわち、行為の善悪は、口から発する言葉として、あるいは身体の動作として発現する「意思」によって決まるのだとする。仏教は、行為の原動力としての意思に焦点を当てることによって、意思にもとづく倫理を組み立てたのである。

「意思」を核として行為論を組み立てたことは、仏教が生命の範囲を人間と動物にとどめ、植物に拡げなかったことを裏付ける。人間や動物には意思があるのに対し、植物には意思がないと考えたからである。意思がなければ行為をすることもないから、植物は輪廻せず、生命がないことになる。インド仏教には、日本仏教において顕著な「草木国土悉皆成仏《そうもくこくどしっかいじょうぶつ》」の思想はなかったのである。

また仏教は、意思の自発性を否定する見解を認めなかった。仏典は、全てが「前世で行われたことを原因とする」という運命論、全てが「主宰神による創造を原因とする」という主宰神論、全てに「原因もなく条件もない」という偶然論をみな斥ける（『増支部』三・六一「外教処経」)。これらの説に立てば、全ての行為が運命なり主宰神なり偶然なりの産物になってしまうからである。そのように意思の自由がないところには、行為の善悪は成り立たないし、必然的に倫理は否定されることになる。

こうして仏教は、自業自得論を意思の自由を認めることによって基礎づけた。悪い意思を身体行為・言語行為・心(意)的行為として発動し「十の悪行」を行うと、将来、必ず苦に陥るのに対し、善なる意思を身体行為・言語行為・心的行為として発動し「十の善行」を行うと、必ず楽を享受する(『増支部』一〇・二〇七「意思経」)。

この意思にもとづく善悪の行為論をわかりやすく言い換えるならば、意思という行為の原動力が、殺人や虚言などの行為(十の悪行)により外へ発揮されると、それは苦として自らに折り返してくる。その認識に立って、自らを律し、殺生や虚言などをやめるならば(十の善行)、自らに楽を生むということである。

その論理的帰結として、自らの心を正すことによって、自らの行為を正すことが目指される。それは、あくまで自分で自分の行為を律することだから、共同体の秩序に従うとか、神の命令に従うといった他律ではない。そのような外部の規範を受け入れるのではなく、意思の発現として他者に及ぼす行動が自己に折り返してくる結果にもとづくという点で、自身で生み出す規範である。

こうして初期仏教は、「自律」と呼ぶべき倫理的な指針を生み出している。どれだけ現実的だったかは別としても、それは、地縁血縁から離れて、「個の自律」を実現する行動原理だったのである。

他教の行為論との相違

この初期仏教の行為論は、第一章で紹介した同時代の諸思想とは際だった相違を示している。バラモン教、アージーヴィカ教、ジャイナ教の順にもう一度紹介して、仏教の行為論がそれらとどう異なっているかを見ていこう。

バラモン教のヴェーダでは、「行為」とは主に祭式を指す言葉であった。祭式こそ、天界への再生という究極目標のためになすべき行為だからである。「正しい」「正当な」「適切な」「〔特定行為に〕熟達した」を意味する形容詞(S. kuśala)を、ヴェーダでは主に祭式行為について述べる文脈で用いた。

それに対し、仏典では、この同じ語(P. kusala)を「正しい」「有益な」行為、すなわち善行を指す際に、また、この反対語を「誤った」「有害な」行為、すなわち悪行を指す際にしばしば用いる。

また、ヴェーダを正統とする『マヌ法典』の価値観では、人間には①聖仙、②神々、③祖霊への三大負債があり、それぞれ①ヴェーダの学習、②祭官への報酬、③祖霊祭を行うことと直系男子を作ることによって返済するとされていた。しかし仏教に、このような負債の観念はもはやない。

運命論に立って輪廻思想を説くアージーヴィカ教は、現生も来生も運命によりすでに定まっていると考えた。それに対し仏教は、運命論を斥け、未来は現在の行為によって変わると説く。

さらにジャイナ教では、「行為」(業)とは外から流入してくる物質だと説き、真の自己であるジーヴァはこの「業物質」のせいで輪廻を繰り返すのだと考えた。これに対し、仏教では、「行為」とは自発的な意思にもとづく諸行為だと説く。業物質を滅する必要はないため、仏教は、ジャイナ教のように苦行することはない。

仏教はジャイナ教との相違点を自覚しており、ジャイナ教の行為論を批判した。仏典では、身体行為・言語行為・心的行為の三つの行為(三業)のうち身体行為(身業)が重要だと説いて苦行を奨励するニガンタ・ナータプッタの弟子が、心的行為(意業)が重要だと説くブッダに出会って、回心する。彼がかつての師にブッダへの敬意を表明すると、ニガンタ・ナータプッタは口から血を吐いたという(『中部』五六「ウパーリ経」)。

このように、行為を「意思」と言い換えた仏教の行為論は、祭式を基準にして行為を判断するバラモン教とも、自由意思を否定するアージーヴィカ教とも、行為を外からもたらされる業物質だと見なすジャイナ教とも、一線を画した。仏教は、業と輪廻という仏教以前からあった観念を、祭式(バラモン教)から切り離し、運命論(アージーヴィカ教)から切り離し、苦行(ジャイナ教)から切り離して、倫理思想に転換したのである。

それは、祭式に頼らずに、自己の人生を作るのは自己自身だと信じることであり、苦行で業物質を滅するのではなく、所与の条件を自分が作り出した結果として受け入れることであり、しかし運命を受容してあきらめるのではなく、自らの未来をよりよくするために倫理的な向上を目指すものだった。

3　社会をとらえ直す

社会契約論

倫理化した行為論を用いて、仏教はさらに新たな社会思想を提示する。平等な社会制度を実現しようとする革命を説いたわけではないが、バラモン教にもとづく従来の社会モデルを批判的に組み替えたのである。

仏教が出現した時代、バラモン教の祭官たちにより、「祭官・武人・庶民・隷民」という四姓がアーリヤ人の社会モデルとして説かれていたことは、すでに第一章で述べた。仏典には、「四姓のなかで祭官が最高であり、それ以外は卑しい」と主張する祭官をブッダが論破する物語が多数収録されている。

たとえば、祭官が最上だと説く祭官に対してブッダは、殺生や窃盗などの悪行を行う者はどの生まれにもおり、それら悪行を離れた者もまたどの生まれにもいることを説いて、生まれによって人間の貴賤は決まらないと説く。さらに、ヨーナやカンボージャのような国では、貴族(P. ayya)と奴隷(P. dāsa)のみで、祭官がいないではないかと反駁している(『中部』九三「アッサラーヤナ経」)。周辺地域の情報を用いて、アーリヤ人の社会モデルを相対化しているのである。

バラモン教の創造神話では、最高神ブラフマンから四姓が生じたと説くから、「四姓神授説」とでも呼びうるものなのに対し、仏教は、四姓が人間によって作られたものだとする一種の「社会契約論」を説く。

この仏教的社会契約論を詳しく説いているのが、「起源経」である。この経典は、世界のはじまりについて語るという形式を取りながら、家や蓄財や土地所有や社会制度などがどのように始まったのかを論じ、批評精神に満ちている。諸部派に伝承されており、共通の内容をまとめると、おおよそ次のようである(『長部』二七)。

祭官家系の出身で、出家したヴァーセッタという弟子が、祭官たちに罵られて「祭官こそ最上であり、他の者たちは下劣だ」と言われた。それを耳にしたブッダが、ヴァーセッタに対し、四姓について説く。

王族であっても、祭官であっても、庶民であっても、隷民であっても、一部は殺生や盗みなどの十の悪行(十不善業道)を行うし、一部は十の善行(十善業道)を行う。この世において最上の者は、祭官ではなく解脱した者である。そう説いてから、ブッダは人間社会のはじまりの物語を語る。

元来、世界には太陽も月も星もなく、日・月・年という時間もなかった。漆黒の世界のなかで、生ける者たちは空中に光り輝き、極めて長い寿命をもつ存在であり、女性も男性もなく、みな同等だった。ところが、口に入れたものの味に魅了され、食事をするようになったことを契機として、人間が自らの光を失った。すると、代わって世界には太陽と月と星が生じ、日・

月・年という時間が生まれた。これが円環的な時間のはじまりである。

そしてしだいに、美醜が生まれ、男女の違いが生まれ、性欲が生まれて、男女が見つめ合い、性交を行うようになった。性交を隠すために、家を作った。これが家のはじまりである。

米は毎日食べる分だけ十分に実っていたが、人々は収穫の回数を減らして米を蓄えるようになった。一度により多くを収穫し、より多くの米を蓄えるようになったのである。これが蓄積のはじまりである。

人々が貯蔵するようになると、収穫量が減っていった。そこで、人々は集まって相談し、米を分け合うために土地の境界を設けることにした。これが土地所有のはじまりである。

すると、他者の取り分を横取りする者が現れたので、人々は彼を批判したが、盗みが繰り返されたので、棒で打った。これが、窃盗、叱責、虚言、刑罰のはじまりである。

さらにブッダは、こうヴァーセッタに説く。

そこで、ヴァーセッタよ、かの人々が集まった。集まって嘆いた。

「ああ、君たち、もろもろの悪しき性質が生きる者たちに現れた。そこでは、盗みが知られ、叱責が知られ、虚言が知られ、刑罰が知られるだろう。さあ、我々のために、一人の者を、我らは合意で認定しよう。彼は、非難すべき者を正しく非難し、叱責すべき者を正しく叱責し、追放すべき者を正しく追放してくれるだろう。そのお返しに、我らは、彼に米の一部を与えよう」と。

こうして一人の者が選ばれた。これが王のはじまりである。ブッダはこう説明する。

ヴァーセッタよ、大（マハー）衆により合意で認定された（サンマタ）ということから、「マハーサンマタ」「マハーサンマタ」という言葉が最初に生じた。

ここで、王は、「大衆により合意で認定された者」という意味を付与されている。そして王の他にも、それぞれの行為によって、祭官、庶民、隷民という名が生まれたと説明する。『マヌ法典』が行為規範や社会的義務を神話的世界観に依拠して説くのに対し、仏典はそれらを人間社会の約束事としてとらえたのである。

欲望に駆られた人々が生み出した混乱を解決する手段として、人民は合意により為政者を立てたという仏教的社会契約論は、スリランカや東南アジア、内陸アジア、東アジアへも伝わった。日本の一例を挙げるなら、北畠親房《きたばたけちかふさ》は『神皇正統記《じんのうしょうとうき》』の冒頭部分で、その内容を天竺の説として紹介しており、マハーサンマタ王を「平等王」と呼んでいる。

理想的為政者像

古代インドでは、バラモン教、仏教、ジャイナ教で「転輪王《てんりんおう》」という概念が共有されていた。近年の研究によれば、「転輪王」の「転輪」(S. cakravartin, P. cakkavattin)とはもともと、王が広大な土地を巡行するという文脈で「車輪を転じる」「車で走行する」を意味する形容詞だったという(手嶋英貴「転輪王説話の生成」)。

「転輪王経」という経典では、この転輪王が為政者の理想像として描かれる。諸部派のヴァージョンが現存しており、それらが一致して伝えるのは次のような内容である(『長部』二六)。冒頭でブッダは、修行者たちに対してこう語りかける。

自己を島とし、自己を拠り所として、他を拠り所とせず、教えを島とし、教えを拠り所として、他を拠り所とせざれ。

この実践に功徳がある具体例として、ブッダは転輪王について語り始める。かつて転輪王は、刑罰や武器によらず、法(ダルマ)によって大地を統治した。転輪王が君臨する間、空中には「輪宝」という円盤が出現する(諸研究により、この輪宝が象徴するのは太陽、満月、または仏教の法輪だと指摘されている)。

転輪王の位を子が継いでも、輪宝は父から相続できるものではない。転輪王には多くの務めがあり、その務めを果たさなければ、空中の輪宝は消えてしまうからである(上座部大寺派と法蔵部のヴァージョンでは、転輪王が移動する輪宝を追って諸国を巡行すると、各地の王たちが自発的に服従し、平和に世界が統一されるとする)。

全世界の王である転輪王の務めとは、あらゆる人、獣や鳥を法によって保護し、領内に非法行為をなくし、領土の貧しい者たちに財を施し、行者や祭官たちに善・不善等を問い、不善を除き、善を行うことである。七人(または六人)の転輪王はこのように正しい法にもとづいて統治した。

しかし、八人目(または七人目)の転輪王のとき、世界に混乱が生じ始めた。この王は、大臣らの有識者たちを召集して転輪王の務めについて学んだのだが、転輪王の務めをひとつ果たさなかったのである。

〔王は、〕貧しい者たちに財を与えなかった。貧しい者に財が与えられなかったために、貧困が拡大した。貧困が拡大すると、ある男が、他の者たちのものを、盗もうと意図して盗んだ。

こうして「貧しい者たちに財を与える」という転輪王の務めを果たさなかったために、人々の間に盗みが始まり、しだいに増えていった。そこで、王が盗人を処刑すると、人々に恐怖が広がり、武器を作るようになった。

しだいに殺生や盗みなどの十の悪行（十不善業道）が世界に広まった。人類の寿命はもともと極めて長かったが、悪行が広まるにつれて寿命がしだいに短くなっていき、一〇〇歳になって現在に到る。ここからが予言となる。

将来、十の善行がまったく消え、十の悪行がさらに増え、極めて悪い行いが広まるだろう。そうすると、「武器の時代」がやってくるだろう。ブッダはこう語る。

彼ら（人々）は、互いに獣であるという思いを抱くだろう。彼らの手に鋭い剣が現れるだろ合うだろう。

う。彼らは、鋭い剣によって、「これは獣だ」「これは獣だ」と〔思って〕、互いに命を奪い合うだろう。

人々がお互いに殺し合い始めると、一部の人々が林や山に隠れて、木の実などを食料にして生きながらえる。七日後、ようやく殺し合いが終わることになる。

彼らは、その七日後、草の茂み、林の茂み、樹の茂み、川の淵、山のくぼみから出て、互いに抱き合い、同類と見なして、こう慰めるだろう。

「ああ、人々よ、万歳！　お前は生きている」

「ああ、人々よ、万歳！　お前は生きている」と。

托鉢修行者たちよ、そこでその人々はこう考えるだろう。「われわれは、もろもろの不善の性質を得たために、このように親族の滅亡にまで至ってしまった。さあ、我々は善を行おう。いかなる善を行おうか。さあ、我々は生き物を殺すことをやめよう。この善行を身につけて行おう」と。

こうして人々はしだいに善行を増やしていき、十の善行を実践するようになるだろう。十の善行が社会に確立するにしたがって、人々の寿命はしだいに長くなっていく。十の善行が社会に浸透し、人々の寿命が延びたときに、武器によらず、法によって世界全土を統治する転輪王が再び出現するのである。

右のように、「転輪王経」が理想的為政者の条件として挙げているのは、すぐれた教養ある者からの助言にもとづき正しい法による統治を行うこと、貧しい者の生活保障をすることである。為政者が貧しい者の生活保障をしなければ、社会は乱れるのである。

この教えは、将来をシミュレーションして倫理を説いている点に特徴がある。十の悪行が増え続ければ、将来、人々が殺しあう「武器の時代」がやってくるから、悪行はやめるべきである。また逆に、十の善行を行えば人々の寿命も延び、理想的為政者による法治が実現するから、善行を実践すべきだと説くのである。

経典の冒頭に、自己と教えを「拠り所」とするようブッダが教えるのも、善行を実践するためには自己に立脚することが必要だからである。これは地縁血縁の共同体の秩序に従うのではなく、善悪の結果を自分自身が引き受けることになると考えて、意思を正し、言動を正していく自業自得の行為論に裏付けられる。このような自己に立脚した倫理を個々人が身につけてはじめて、理想的な為政者が現れ、人々が長寿を享受する社会が到来するのである。

世界が完全な状態から劣化し、しだいに人間が堕落して寿命が短くなるという時代観は、『マヌ法典』(一・八一―八五)や二大叙事詩『マハーバーラタ』『ラーマーヤナ』などにも見られる、古代インドに一般的な考え方である。しかし、仏教における転輪王の理念は、それらと重要な点で異なっている。

たとえば『マヌ法典』では、最高神ブラフマンが王を創造したのであり、王権の正統性は宇宙的秩序によって保証される(七・三―四)。それに対し、「転輪王経」では、王自身が王の務めを果たすことによってのみ王権の正統性は保証される。転輪王の正統性は神によってではなく、王の行為そのものによって認められる。宇宙的秩序から王権を切り離すことにより、王権神授説を覆したのである。

この転輪王という為政者の理想像は、仏教を通してインドから内陸アジア、東南アジア、東アジアへ伝えられた。チベット仏教に帰依したモンゴル帝国のクビライ・ハーン、清朝の乾隆《けんりゅう》帝《てい》、上座部仏教に帰依したアユタヤ朝の王などは、転輪王に擬された代表的な例である。日本でも、徳川家康を祀る日光の寺院が勅許により輪王寺《りんのうじ》(転輪王の寺)と名づけられたのは、その一例である。

個の自律にもとづく世界

繰り返すが、仏教の行為論の特徴は、「個の自律」にある。欲望に駆られて他者を害する限り、それは他律的な生き方である。欲望に振り回されずに、自らが自らを律してこそ、正しい意思による正しい行為が実現する。「転輪王経」の冒頭で自己に立脚するようブッダが説くゆえんである。

同時に、仏教は唯物論にもとづく道徳否定論を斥けた。古代社会において、死によって人間は無に帰し、死後の世界はないと人々が考えるなら、倫理よりも目先の利益が優先され、力の強い者が弱い者から搾取する世界になってしまう。仏教を含め、古代インドでは、そのような弱肉強食を「魚の法則」と呼んだ。

死後を信じない人が圧倒的に多い近代社会で、罪人必罰の制度が整備されていく理由はここにある。近代社会は、地上に自業自得の制度を実現して、「罪を犯すと罰を受ける」という潜在意識を人々に植え付ける。監視技術の向上に伴って、現代社会が監視社会へ向かうのは、その意味で当然である。

逆に言えば、確固とした倫理規範のない世俗的な社会が平和に保たれるのは、高度な監視技術と強力な警察機構があるからであって、部族社会の秩序にも、神の信仰にも拠らず、しかも、監視社会ではない世界を作ろうとするなら、個の自律は不可欠の条件となる。個々の倫理的実践なくしては、そのような世界は実現しないであろう。

古代インドには、言うまでもなく近代国家のような監視システムも警察機構も存在せず、現代社会とくに今日の日本に比べ、治安は著しく悪かった。そのような社会を前提として構想されている仏教の社会論は、あらためて整理すると、次のような未来像を描いている。

もし個の倫理的自律が崩れ、欲望に駆られるようになれば、また、為政者が貧しい者の生活保障を怠れば、平和は乱され、人々が殺し合う「武器の時代」を迎えるだろう。「武器の時代」を経て、その教訓から個の自律が実現してはじめて、理想的為政者が再び現れ、彼の下に諸国が自発的に統合して、世界がひとつになる。現代の概念を借りて言い換えれば、世界政府の樹立である。

現在、世界政府の実現を信じている人は、おそらくほとんどいないだろう。しかし、第一次世界大戦後に国際連盟、第二次世界大戦後に国際連合が生まれた歴史を想起したとき、「武器の時代」を経て世界がひとつになるという予言を、我々は古代人の夢だといって笑うことができるだろうか。

倫理から知的・心的修習へ

「次第説法」で贈与と習慣が第一段階として説かれるとはいえ、これらの行為自体が低次元の実践に位置づけられるわけではない。仏典では、贈与と習慣を具えた者が、天界への再生のみならず、仏教の究極的な目的である「解脱」に到るとも説かれている（『中部』一二〇「行生経」）。長期的に見れば、二つの実践は究極的な目的に資するものに転化してゆくのだが、その飛躍を生むには次第説法の後半、「四聖諦」の認識が必要である。

同じことが、行為の原動力として「意思」を見出した初期仏教の行為論からも言える。行為を根本から正すには、たんに行為を律するだけではなく、心そのものを正さなければならない。仏典には、諸仏の偈《げ》として有名な、次のような詩がある。

一切の悪をなさないこと、善を具えること、
自らの心を清めること、これが諸仏の教えである。
（『長部』一四「大譬喩経」）

悪をなさず、善を身につけるという自律は、究極的には心を清めることを必要とする。しか

し、心を根本的に変えるには、ある知的認識が不可欠である。第五章と第六章では、その飛躍をもたらす内容、「次第説法」で「諸仏の卓越した説法」に位置づけられる四聖諦について論じたい。

第5章　苦と渇望の知

ブラーフミー文字で刻まれた四聖諦(サールナート出土)

1　四聖諦と縁起の構造

生存をめぐる問い

初期仏教思想の根幹にある「四聖諦《ししょうたい》」「縁起」「五蘊《ごうん》」「六処《ろくしょ》」に共通するのは、我々はどこから来て、どこへ行くのかという、「生存」をめぐる問題である。

我々の生はどのように成り立っているのかという点では、「渇望」によって生存が作り上げられる過程を示す(第4節)。また、我々の生はどうなるのかという点では、作り上げられた生に確かな根拠は何もなく、生存がつねに危うい状態(苦)にあることを示す(第2・3節)。

当時、バラモン教のウパニシャッド哲学では、自己(アートマン)が宇宙原理ブラフマンと一致すること(梵我《ぼんが》一如《いちにょ》)を説いていたのは、すでに述べたとおりである。この「アートマン」(S. ātman, P. attan)という語は、私たちがふつう日常経験でいう「自分」「自己」を意味するとともに、「魂」や「主体」をも含意する。バラモン教では、この概念によって、認識主体、行為主体、輪廻主体、解脱主体を指した。

いっぽう、輪廻を認めない唯物論は、そうした主体を認めなかった。人間は諸要素に還元されるのだから、そこに魂のような存在は認められないし、当然死後の世界も存在しないと考えた。主体の存在をめぐって、バラモン教と唯物論は真っ向から対立していたのである。

それに対して、仏教は、「生存」という観点に立って、「アートマンが存在する／存在しない」という二項対立そのものを解体してしまう。主体としての「自己」を否定するいっぽう、諸要素の集合としての「自己」の存在は認め、それがいかにして再生産されるのかという過程を示すのである（第1・5節）。

この「自己」に対する両義的な態度が意味するところは、何なのか。本章では、「四聖諦」「縁起」「五蘊」「六処」を順に取り上げて、この問題を論じたいと思う。

不可分な諸教説

「四聖諦」「縁起」「五蘊」「六処」を理解するために最も重要なのは、これらがそれぞれ別個の教えなのではなく、どれひとつとして切り離すことのできない関係にあるということである。バラバラにとらえて相互の関係性に注意を払わなければ、思想全体の構造は見えてこない。そこで、個別の内容に立ち入る前に、それらに共有されている構造を取り出してみよう。

まず、四聖諦とは「高貴な者（聖者）たちにとっての四つの真実」を意味する。第一の「苦」（苦聖諦）、第二の「苦の原因」（苦集聖諦）、第三の「苦の停止」（苦滅聖諦）、第四の「苦の停止へみちびく道」（苦滅道聖諦）という四つの真実から成る。全ての生あるものにとって、苦は避けられない。そのことを悟ったうえで、その原因と克服方法を示す教えである。

いっぽう、縁起とは「原因によって生じること」「依存生起」を意味する。生あるものが苦しみに到るのはなぜか。その原因を探ることによって、因果関係を示した教えである。仏典にはさまざまな縁起説が説かれるが、そのうち、最も包括的であり、最も頻繁に現れるのは「十二支縁起」である。これは、

①老いと死（老死《ろうし》）
②誕生（生《しょう》）
③生存（有《う》）
④執着（取《しゅ》）
⑤渇望（愛《あい》）

⑥感受（受《じゅ》）
⑦接触（触《そく》）
⑧六つの〔認識器官という〕拠り所（六処《ろくしょ》）
⑨名と姿（名色《みょうしき》）
⑩認識（識《しき》）
⑪諸形成作用（行《ぎょう》）
⑫無知（無明《むみょう》）

という一二項目から成り、①が一連の因果系列の最終的な結末で、その原因を②③④…と遡っていき、最後の⑫が第一原因として示される。

この十二支縁起以外にもさまざまな縁起説がある。いま、それらを右に示した番号にしたがって分類するなら、①から⑤までを要素とするのが「五支縁起」、①から⑧までを要素とするのが「八支縁起」、⑧を除いた①から⑩までが「九支縁起」、①から⑩までが「十支縁起」に当たる。

これから詳しく説明するように、これらの縁起説には、四聖諦と対応する部分や、初期仏教の他の重要な教えである「六処」と「五蘊」が組み込まれている。そこで、五支、八支、九支、十支、十二支の順に取り上げて、縁起と四聖諦との関係、そして縁起と五蘊・六処との関係を考察しよう。

【五支縁起と四聖諦】　五支縁起とは、⑤渇望を原因として、最終的に②誕生や①老いと死といった苦しみにいたる因果関係を説く縁起説である。この五支縁起は、明らかに四聖諦と内容が対応しているという点で、注目すべきである。

後であらためて取り上げるのでここでは簡単にまとめると、四聖諦によれば、生の苦しみの原因は「再度の生存へみちびく渇望」である。したがって、「渇望⇒再度の生存⇒誕生・老い・死という苦」という因果関係を示すものである。

いっぽう、五支縁起は、「渇望⇒執着⇒生存⇒誕生⇒老いと死という苦」という因果関係を説くものであり、渇望から生存が成立する過程を示している（『相応部』一二・五二「執着経」、一二・五七「若木経」）。四聖諦と五支縁起はともに、「渇望」こそが苦のはじまりであるという因果関係を示している点で、同じ内容を有しているのである。

次に見るように、五支縁起以外の縁起説は、この五支縁起をそのままの形で組み込み、五支縁起で第一原因となっている「渇望」が生じる原因をさらに探ることで、より発展した因果系列を示すものである。四聖諦と対応する五支縁起が、さまざまな縁起説の核になっているのである。

【八支縁起】　八支縁起とは、五支縁起から遡ってその原因を探り、⑥感受（受）、⑦接触（触）、⑧六つの認識器官（六処）の三支を加えた縁起説である（『相応部』一二・二四「異学経」）。縁起の起点を個体存在の認識器官に置き、これらの認識器官がそれぞれの認識の対象と接触することによって感受が生じ、五支縁起の起点である「渇望」が起こる過程を示すという構造になっている。

【九支縁起】　九支縁起は、五支縁起の原因を探っていく点では八支縁起と同じであるが、認識器官ではなく、⑨名と姿（名色）と⑩認識（識）に遡る縁起説である。「大縁経」で独自に説かれる（『長部』一五）。この縁起説によれば、私たち個体存在を成す認識能力（識）と心的作用および身体（名色）とが相互依存関係をつくることによって、⑦接触（触）、⑥感受（受）が継起し、その後は五支縁起が起こる。

【十支縁起】　十支縁起は、八支縁起から遡って、その原因として⑨名と姿（名色）と⑩認識（識）を加えた縁起説である（『長部』一四「大譬喩経」／『相応部』一二・六五「城邑経」）。十支縁起の説明のなかには、二つの葦の束が互いに支えあって立っているように、認識(識)と名と姿(名色)とが相互依存関係にあるとするものがある(『相応部』一二・六七「葦束経」)。

この説明にもとづいて、水野弘元は、十支縁起の⑨名と姿(名色)とは、元来、認識対象(色・声・香・味・触・法)を意味していたととらえた(『パーリ仏教を中心とした仏教の心識論』)。十支縁起を、⑩認識と⑨認識対象(名と姿)との相互依存関係を第一原因とする縁起として解釈したのである。

水野のこの解釈については、「六六経」が参考になる。「六六経」では、六つの認識器官(眼・耳・鼻・舌・身・意)と、それらの対象(色・声・香・味・触・法)と、それら対象の認識(眼識・耳識・鼻識・舌識・身識・意識)という三者が和合するから接触(触)が生じ、そしてその接触から、感受(受)、渇望等が生じるとする(『中部』一四八)。

おそらく、十支縁起は、「六六経」で説くのと同じ因果関係によって、五支縁起の原因をさらに追求したものであろう。

【十二支縁起】　十二支縁起においても、五支縁起がそのまま組み込まれている。それでは、十二支縁起において、五支縁起以外の部分はいかなる役割を果たしているのだろうか。

この縁起説によれば、第一原因である⑫無知(無明)によって、⑪諸形成作用(行)、⑩認識

苦聖諦	五取蘊＝苦（誕生と病と老いと死など）
苦集聖諦	渇望⇒再度の生存
五支縁起	渇望⇒執着⇒生存⇒誕生⇒老いと死
八支縁起	六つの拠り所⇒接触⇒感受⇒五支縁起
九支縁起	認識⇔名と姿　⇒　接触⇒感受⇒五支縁起
十支縁起	認識⇔名と姿⇒六つの拠り所⇒接触⇒感受⇒五支縁起
十二支縁起	無知⇒諸形成作用⇒認識⇒名と姿⇒六つの拠り所⇒接触⇒感受⇒五支縁起

図14　五支縁起と四聖諦，縁起説相関図

（識）、⑨名と姿（名色）が順次生じるとするが、これは「五蘊」――身体と諸能力のことで、後述のように具体的には色《しき》・受《じゅ》・想《そう》・行《ぎょう》・識《しき》をいう――のうちの三つ（行・識・色）と同じである。

五蘊の残る二つのうち、「感受」（受）は、⑧六つの認識器官（六処）と⑦接触（触）を原因として生じるものとして、⑥に組み込まれている。また、「表象」（想）（S. saṃjñā, P. saññā）とは、私たちがものごとに名称をつけて「これこれはAである」と見なす能力をいうが、これは⑨名と姿のうちの「名」（S. nāman, P. nāma）と同義語であるから、十二支縁起には五蘊全てが含まれていると解釈できる。

要するに、十二支縁起は、五支縁起を核としつつ、その原因を遡って説明していくに当たって、「五蘊」と「六処」を体系的に位置づけることで成り立っている。

このように「四聖諦」「縁起」「五蘊」「六処」の思想は、それぞれ不可分な関係にある。説明がいささか込み入ったが、ここでは、四聖諦と五支縁起とは同じ構造を共有していること、五支縁起はここで挙げた全ての縁起説の核となっていること、十二支縁起には五蘊と六処が組み込まれていることを、確認していただきたい。

では、これらの思想を古代インドの歴史的文脈に置くことによって、初期仏教が果たした思想史的役割を考察したい。

2　主体の不在

諸認識器官の束――六処・十二処・十八界

仏教は、神々や人間や動物などの生まれ死ぬ個体を指す場合、「存在」(S. sattva, P. satta)という表現を使う。漢訳でいう「衆生《しゅじょう》」「有情《うじょう》」である。仏教では、個体存在に輪廻する主体としての「自己」を認めない。個体存在は、諸認識器官の束＝「六処」として、また身体と諸能力の合奏＝「五蘊」として理解されるのである。

まずは「六処」を取り上げて、この主体を否定する思想について見ていこう。六処は、私たちの認識作用が何によって生みだされるのかを説く。

個体存在は、視覚器官の「眼」(S. cakṣur, P. cakkhu)、聴覚器官の「耳」(S. śrotra, P. sota)、嗅覚器官の「鼻」(S. ghrāṇa, P. ghāna)、味覚器官の「舌」(S. jihvā, P. jivhā)、触覚器官の「身」(S. P. kāya)、心である「意」(S. manas, P. mano)の集合だと説くのである。

この六つの認識器官を、「器官」を意味する「根」(S. P. indriya)という語を用いて、「六根《ろっこん》」とも呼ぶ。つまり、「六つの〔認識〕器官」である。

これら六つの認識器官を前提として、対象との接触があり、さまざまな感受が生じる。その事実を忘れると、自らの経験や見解の限界を忘れて真理を論じることになるだろう。たとえば「梵網経」という経典では、他教のさまざまな思想家たちが主張していた六二の見解を取り上げ、いずれも自らの「接触」に執着しているに過ぎないことを明らかにして、あたかも腕のいい漁師が網で漁をするように、そうした見解を一網打尽にする(『長部』一)。

たとえ真理を悟ったと思ったとしても、自らの経験や見解が拠って立つところは、認識器官に他ならない。これこそ、六つの認識器官が「六処」と呼ばれるゆえんである。「処」(S. P. āyatana)という語は「拠り所」を意味し、六処という語は「六つの拠り所」を意味する。

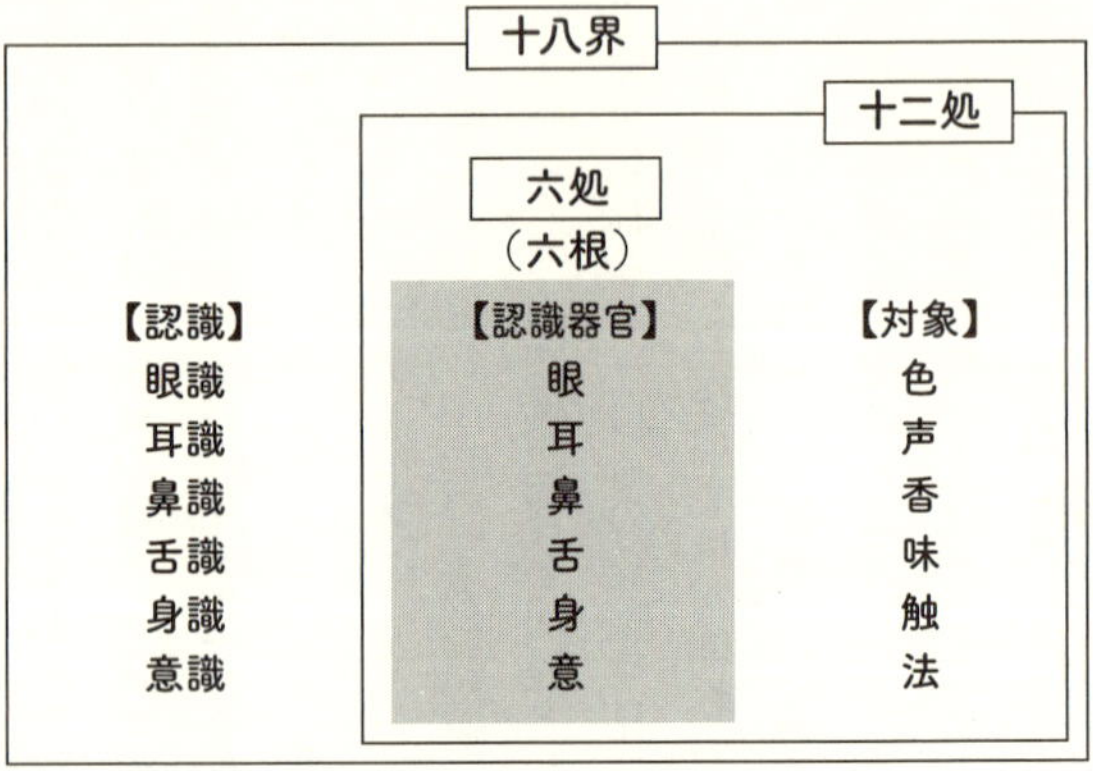

図15　六処・十二処・十八界

さて、眼が音を聞いたり、耳が食べ物を味わったりすることはない。六処にはそれぞれの認識対象がある。「眼」の対象となるのが色形《いろかたち》である「色」(S. P. rūpa)、「耳」の対象となるのが「声」(S. śabda, P. sadda)、「鼻」の対象となるのが「香」(S. P. gandha)、「舌」の対象となるのが「味」(S. P. rasa)、「身」の対象となるのが触覚的対象である「触」(S. sparśa, P. phassa)、「意」の対象となるのが心的対象である「法」(S. dharma, P. dhamma)、という六つである。

これら六つの認識器官と六つの認識対象とを合わせ、「十二の拠り所」と見なし、「十二処」と呼ぶ。この十二処を二つに分類する場合、認識器官を「六内《ろくない》処《しょ》」と呼び、認識対象を「六外《ろくげ》処《しょ》」と呼ぶ。仏教では、この両者の関係を超えて私たちの認識が生まれることはない、と考えた。

これは、現代人の感覚からしても、うなずけるところであろう。日常世界のみならず、たとえ今日の最先端の宇宙物理学であっても、宇宙についてのデータは人間の知覚を通さなければ得られないはずである。

その意味で、人間は十二処を離れて世界を認識することなどできない。仏典は、十二処を「一切」と呼び、それを離れて、別の「一切」を説くならば、それは根拠の無い言葉だと説く(『相応部』三五・二三「一切経」)。十二処の外部に、神のような超越的存在を説くことは、仏教にとって無根拠な言説なのである。

この十二処にもとづいて、「認識」(識)(S. vijñāna, P. viññāna)のあり方を六種に分類できる。「眼」による認識である「眼識」、「耳」による認識である「耳識」、「鼻」による認識である「鼻識」、「舌」による認識である「舌識」、「身」による認識である「身識」、「意」による認識である「意識」である。

十二処とこの六つの認識のあり方とを、「構成要素」を意味する語(S. P. dhātu)と組み合わせて、十八の構成要素を意味する「十八界《じゅうはちかい》」という語で呼ぶ。仏典では、十二処同様、この十八界もまた「一切」と呼ばれる。十二処・十八界を離れて、根拠のある言説は成り立たないからである。

認識器官は自己でも、自らのものでもない

「自己」だと思われている個体存在は、じつは六つの認識器官の束に過ぎない。たしかに、私たちは日常生活や社会経験として、「わたし」や「自己」という存在を自明のものとして生きている。しかしじつはそこには主体はなく、存在するのは個々の認識器官である。これが「六処」の思想である。

このような理解に立って、仏典はさらに、個々の認識器官が永遠ではなく(無常)、思い通りにならず(苦)、自己ではない(非我《ひが》)と説く(『相応部』三五・七二「六触処経」)。アショーカ王碑文にある「七種の法門」のひとつに想定されている仏典によれば、これら認識器官が無常であることをブッダが教えたときに、息子にして弟子となったラーフラは解脱した(『中部』一四七「ラーフラ教誡小経」/『相応部』三五・一二一「ラーフラ経」)。

漢訳で「非我」とか「無我」とされている原語(P. anattā)は、「自己」だと思われているもののどれひとつとっても「自己ではない」ことを意味している。日本ではしばしば誤解されているが、「無我」の本来の意味は、私心がないことでも夢中になることでもないのである。

さらに仏典は、「自己ではない」ことについて、六処の冒頭に置かれる「眼」に六処全体を

代表させて、次のように説く。

アーナンダよ、自己について、また自らのものについて空《くう》だから、「世界は空である」と言われる。では、アーナンダよ、何が自己について、また自らのものについて空なのか。アーナンダよ、眼は自己について、また自らのものについて空である。

（『相応部』三五・八五「空経」）

パーリ語やサンスクリット語などのインド・アーリヤ語において、「AはBについて空（S. śūnya, P. suñña）である」という表現は、「AにBがない」「AはBを欠く」という意味である。つまり、ここでは、各認識器官は自己ではなく、自らのものでもないと言っているのである。これが、後に大乗仏教で発展する「空の思想」の原初の形である。

「私がいて、この身体は私のものである」ことの自明性は、ここでは失われている。日常経験から自明だと思っている現実には、何の根拠もない。自分自身にすら根拠がなければ、自分のものだと思っている家族や、財産や、土地はなおさらであろう。当たり前だと思っていることの世界の意味は、じつはそれを保証する根拠がないために、わずかな契機で崩壊しかねないものなのである。

こうして、仏教は、自己と呼ばれているものは眼・耳・鼻・舌・身・意という認識器官(六処)の束に過ぎないと説き、そのいずれも「自己」とは認めなかった。認識主体としての自己などない、とするのである。

このような非我説に立つ仏教は、さらに別の範疇を立てて、自己を主体として措定する思考を批判することになる。それが「五蘊」である。

身体と諸能力の合奏――五蘊

主体としての「自己」が存在しないことを認識器官という視点から説くのが六処なのに対し、諸能力の視点から説くのが「五蘊」である。六処は、縁起説においてはそれを原因として接触(触)と感受(受)が起きると説かれていたように、認識を受動的なものとしてとらえている。それに対して五蘊は、諸能力が能動的に認識対象を構成することを明らかにする。

「五蘊」(S. pañcaskandha, P. pañcakkhandha)とは、「色・受・想・行・識」という五つの要素である。「蘊」(S. skandha, P. khandha)とは、もともと人や動物の肩、木の幹、太い枝を意味し、ここでは生存を成り立たせる要素を指す。「生存」という木は、これら五つの幹や太い枝から成るのである。順に見ていこう。

「色」(S. P. rūpa)とは先ほどの十二処にも含まれていたが、色形を意味し、五蘊においては、身体としての「姿」を指す。五蘊のうちで唯一、能力ではない。身体なしには諸能力もあり得ないわけだから、五蘊の冒頭に置かれたのであろう。仏典では、地・水・火・風という四大元素(四大《しだい》)とそれによって起こる色形(四大所造色《しだいしょぞうしき》)と定義される。これらの要素により身体は構成されるのである。

「受」(S. P. vedanā)は、「見る」「知る」を意味する語根(√vid)から作られ、「感受」を意味する言葉である。さきにふれた縁起説のように、認識器官が認識対象と接触することから生じる感受と説明される場合もあるが(『相応部』二二・五七「七処経」)、好ましい(楽)、厭わしい(苦)、どちらでもない(不苦不楽)といった反応としての感受を指す場合もある(『相応部』二二・七九「所食経」)。つまり知覚や感覚を指す。

「想」(S. saṃjñā, P. saññā)は、共存や完成を意味する接頭辞(sam)と「知る」を意味する語根(√jñā)から作られた言葉である。第五の要素である「識」と対をなす語形であり、「表象」を意味する。もともとは名称を意味し、何らかの対象について「これはAである」「あれはBである」という仕方で同定する能力のことである。

「行」(S. saṃskāra, P. saṅkhāra)は、「想」と同様、共存や完成を意味する接頭辞(sam)と「作る」「行う」を意味する語根(√kṛ)から作られた言葉である。組み合わせること、構成すること、作り上げることを意味する。五蘊の他の要素と異なり、常に複数形で用いられるため、本書では「諸形成作用」と訳す。

仏教における「意思」の意味については第四章においてすでに見たが、諸行為の原動力としての意思、そして意思の発現としての「行為」(S. karman, P. kamma)がまさにこの「諸形成作用」に当たり、同じ語根から作られた語である。この概念は、第六章でさらに詳しく見ていきたい。

「識」(S. vijñāna, P. viññāna)とは、認識を意味する。この語は、分離を示す接頭辞(vi)と「知る」を意味する語根(√jñā)から作られて、「分けて知ること」を原意とし、何らかの対象を諸要素に識別することである。分節作用こそが認識なのである。「識」は六処の「意」や十八界の六種の認識(眼識・耳識・鼻識・舌識・身識・意識)と対応する。

各要素は私ではなく、私のものでもない

ふだん、「これは私である」「これは私の身体である」と考えているものは、よく吟味してみ

ると、身体であれ、個々の能力であれ、思うがままにならない。思い通りにならないものを「自己」と呼んでよいのか。ブッダは「色」についてこう説く。

托鉢修行者たちよ、姿(身体)は自己ではない。また托鉢修行者たちよ、もしこの姿が自己であるならば、この姿は病にならないであろうし、また姿について「私の姿はこのようであれ」とか「私の姿はこのようであるな」と言うことができるであろう。しかし、托鉢修行者たちよ、姿は自己ではないから、姿は病になり、また姿について「私の姿はこのようであれ」とか「私の姿はこのようであるな」と言うことはできないのである。

(『律蔵』「大品」)

続いて、姿は永遠ではなく、苦であり、自己ではない(無常、苦、無我)ことを示してから、ブッダは次のように説く。

托鉢修行者たちよ、何であれ過去・未来・現在の姿は、内にあれ、外にあれ、粗大であれ、微細であれ、劣ったものであれ、優れたものであれ、遠くにあるものであれ、近くにあるものであれ、全ての姿は、「これは私のものではない」「これは私ではない」「これは私の自己ではない」とこのように、これをありのままに正しい理解によって見るべきである。

（『律蔵』「大品」）

五取蘊	五蘊
色取蘊	色（蘊）
受取蘊	受（蘊）
想取蘊	想（蘊）
行取蘊	行（蘊）
識取蘊	識（蘊）

図16　五蘊と五取蘊

さらに、「姿」と同様の形式で「感受」「表象」「諸形成作用」「認識」の五蘊全ては、「私」でも、「私のもの」でも、「私の自己」でもないと説く。ここに通底しているのは、自己と思われているものは身体と諸能力であり、そのどれひとつを取っても思い通りにならない、ということである。

仏典では、五蘊を「五取蘊《ごしゅうん》」(S. pañcopādānaskandha, P. pañcopādānakkhandha)と呼ぶことも多い。五取蘊とは、「執着対象としての五蘊」および「執着を生じる五蘊」を意味する。五蘊に執着が伴っていることに力点を置いた呼称である。本書では、「五つの執着要素」と訳す。

仏典では、この五取蘊も永遠ではなく、苦であり、自己ではない(無常、苦、無我)ことが繰り返し示され、五取蘊を知悉するよう説かれている(『長部』三四「十上経」など)。このことは、次に見るように、四聖諦と深く関わっている。

3　生存の危機——苦聖諦

五取蘊苦

四聖諦における第一の「苦」の内容と、縁起説における「生存⇓誕生⇓老いと死」という因果関係とは、ともに、「生きる」ということが結局どこに向かうのかを示している。まず、四聖諦のほうから見ていこう。

さて、托鉢修行者たちよ、これが苦という高貴な者たちにとっての真実(苦聖諦)である。誕生は苦である。老いも苦である。病も苦である。死も苦である。不快な者たちと関わるのは苦である。愛する者たちと別れるのは苦である。求めても得られないのも苦である。要するに、五つの執着要素(五取蘊)は苦である。

(『律蔵』「大品」)

ここにある「誕生」「老い」「病」「死」を「四苦」と言う。世界で最も弱い者(赤子)として生まれ、病に倒れ、老いさらばえて死んでいくことは、生存の必然的結果である(古代の新生児死亡率も病気感染率も、現代よりはるかに高かった)。生存には、当初から、そして常に、危うさがともなっているのである。

「四苦」に残り四つの苦を加えて「八苦」と言う。これが「四苦八苦」の語源である。しかしここで重要なのは、「要するに」と述べる最後の一文である。「苦という高貴な者たちにとっての真実」(苦聖諦)は、「五つの執着要素は苦である」(五取蘊苦)と要約されるのである。

ブッダは、縁起についても、四聖諦とまったく同じ語彙と形式を用いて、次のように説く。

生存という原因から誕生が(生じ)、誕生という原因から老いと死、悲しみ・嘆き・苦しみ・憂い・疲労困憊が生じる。このように、この全ての苦しみの集まりの生起がある。

(『律蔵』「大品」)

両者の共通性は明白である。ここで「苦しみの集まり」と訳した「集まり」は、四聖諦で説かれる「五つの執着要素」(五取蘊)の「要素」と同じ語(蘊)である。四聖諦では、この「五つの執着要素」こそが「苦」であると定義されていた。したがって、縁起における「苦しみの集まり」(苦蘊)とは、「五つの執着要素」を指していると考えてよい。

仏典は、四聖諦を説明する場合も、縁起を説明する場合も、「誕生」と「老い」と「死」を、五蘊や六処と結びつけている。「誕生」とは「諸要素(諸蘊)の出現、諸認識器官(諸処)の獲得」であり、「老い」とは「諸認識器官の衰弱」であり、「死」とは「諸要素の破壊」なのである(『中部』一四一「諦分別経」/『相応部』一二・二「分別経」)。

これらの一致から明らかなように、ここでいう「苦しみ」は、単なる苦痛の感覚ではない。五蘊や六処が思い通りにならないことが、「誕生」「老い」「死」という「苦しみ」である。生存が常に(かつ潜在的に)統御不能な危うい状態にあり、人間の意思や願望を裏切って生の重要なことが決まってしまうという、不条理なのである。それは生の不確実性、無根拠性を露呈するものに他ならない。

先行する解脱思想との相違

生存の危うさに関する縁起と四聖諦には、第一章で紹介した唯物論者の世界観とのある種の親和性が認められる。アジタ・ケーサカンバリンは、人間は地・水・火・風の四大元素から成り、死ねば、これら諸要素が分解するだけで、死後の世界は存在しないと説いた。パクダ・カッチャーヤナはこの考えをさらに極端に推し進め、たとえ鋭い剣で頭を断ち切っても、諸要素の裂け目に剣が通るだけで、誰も誰かの生命を奪うことはできないと説いた。

彼らの言説に通底しているのは、「自己」とは諸要素の集合に過ぎないという思想である。ここでは、認識や行動の主体としての「真の自己」が存在するという考え方は完全に否定されている。

実際、先に述べたように仏教でも、身体(色)は、アジタ・ケーサカンバリンが挙げたのと同じ四大元素から成ると定義された。アリストテレスに代表される、古代ギリシアの四元素説(火・空気・水・土)にも通じるこの言説に、仏教が唯物論と共有していた時代の空気がうかがえる。

このような思想は、アートマンという真の自己を措定するバラモン教と決定的に異なる。バラモン教では、自己があるからこそ、自己に帰属する所有物があり、また、天界における自己の再生を目指して祭式を執り行うのである。

主体としての自己を認めない仏教の思想は、第一章で紹介したジャイナ教とも全く異なる。バラモン教とさまざまな点で対立するジャイナ教でも、輪廻の主体は存在すると考えていた。輪廻の原因となる「業物質」の流入を防ぎ、苦行によりそれを滅して、真の自己である「ジーヴァ」を輪廻から解き放つことが解脱である。所有は輪廻の原因となるから否定されるべきものだが、ジーヴァそのものは肉体とは別に存在する。

バラモン教やジャイナ教が輪廻の主体としての自己を解脱論の核に据えるのに対し、仏教はあくまで生存を諸認識器官の束、身体と諸能力の合奏としてとらえる。輪廻の主体を立てないという点で、仏教は、バラモン教やジャイナ教と根本的に異なっている。

仏教はこの相違を自覚しており、実際に両者を名指しで批判している。仏典では、自らが永遠だと考えるブラフマン神が登場するが、その見解が間違っていることが明らかにされる（『中部』四九「梵天招待経」）。また、ジャイナ教徒のサッチャカは自己が存在すると説くが、ブッダにより見事に論破される（『中部』三五「サッチャカ小経」、三六「サッチャカ大経」）。

四聖諦における「誕生」「老い」「病」「死」の四苦は、「ウパニシャッド」でアートマンを形容する「不生」「不老」「不病」「不死」という表現を反転したものであることが指摘されている（後藤敏文「Yājñavalkya のアートマンの形容語と Buddha の四苦」）。不生不死の主体を認めなければ、生や死がそのままに「苦」として現前することになるわけである。

「五取蘊は苦である」と宣言する仏教は、祭式を行う根拠となる願望の実現を根本的に疑っている。もし生存が思うようにならないものならば、わざわざ祭式を行う意味はない。こうして、願望を祭式によって実現するバラモン教の祭式主義に対し、仏教は祭式の意義を否定することになる。

では、仏教は唯物論と同じ立場に立っていたのであろうか。否である。次にそのことを見ていこう。

4　生存を作るもの――苦集聖諦

再度の生存へみちびく渇望

四聖諦における第二の「苦の原因」と、縁起説における「渇望⇒執着⇒生存」という因果関係とは、ともに生存の原因を示すものである。ここでも四聖諦から見ていこう。


さて、托鉢修行者たちよ、これが苦の原因をなす、高貴な者たちにとっての真実(苦集聖諦)である。それは再度の生存へみちびく、喜びと熱望をともない、あちこちで歓喜するこの渇望である。すなわち、快楽への渇望、生存への渇望、無生存への渇望である。

(『律蔵』「大品」)

いっぽう縁起説では、ブッダはこう説く。

渇望という原因から執着が〔生じ〕、執着という原因から生存が〔生じる〕。

（『律蔵』「大品」）

ここでは単に「生存」とのみ語られるが、右の四聖諦の記述と同じ構造だと考えてよい。両者はともに、渇望がある限り、繰り返し「生存」が起こる、あるいは「再度の生存」があるという因果関係を意味するのである。

それでは、「渇望」とは何を欲することなのか。四聖諦や縁起の説明において、三種挙げられている（『中部』一四一「諦分別経」／『相応阿含』二九八／『増一阿含』四九・五）。

第一の「快楽への渇望」は、性的衝動に代表される感覚的快楽を追求する欲望である。

第二に挙がる「生存への渇望」とは、感覚的な欲望ではなく、生存そのものを渇望する衝動である。死後に天界へ再生することを願う人々は、この「生存への渇望」に促されている典型である。

第三に挙がる「無生存への渇望」とは、死によって全て消えることを渇望する衝動である。

唯物論は、人間を構成する諸要素は死によって分解するから、無に帰すると考えたが、そのような見解を伴った渇望である。この概念は、快楽原則に当てはまらない点で、精神分析学者のフロイトが「死の欲動」と呼んだものによく似ている。

縁起説では、因果関係について四聖諦より詳しく説明し、「渇望」から「生存」が生じるまでの間に「執着」を入れている。縁起を説く仏典は、「執着」には四種あると定義している。執着行為として、あるいは執着の対象として、①快楽、②誤った見解、③誤った習慣と誓戒、④自己（または「自己がある」という見解）という四つが挙げられる（『相応部』一二・二「分別経」）。縁起では、渇望に促されてこれらの執着が生じ、さらに生存を作りだすと説くのである。「執着」を間に入れるかどうかの違いはあるが、四聖諦でも縁起でも、渇望こそが生存の原因であって、渇望なくして生存は起こらない。仏教は、繰り返される生存の原因として渇望を発見したのである。

唯物論との相違

初期仏教が説く「渇望がある限り、さらに生存が作られる」という因果関係は、現代の感覚では理解困難かもしれない。しかし、古代インド社会の文脈に置いてみると、現実的な生活感覚に根ざした思想として聞こえてくる。

バラモン教では、「欲望⇓祭式行為⇓天界への再生」という因果関係が説かれていた。ウパニシャッド哲学では、祭式を執り行う動機として、「欲望」が位置付けられている。「欲望」(S. kāma)により「志向」(S. kratu)が生じ、志向により「行為」(S. karman)が生じ、行為により「結果」(S. phala)が生じることが説かれる(『ブリハッドアーランニャカ・ウパニシャッド』四・四・五)。

輪廻からの解脱を目指すジャイナ教でも、因果の連鎖において再生が起こることを説いていた。たとえば、ジャイナ教の聖典『アーヤーランガ・スッタ』(*Āyāraṅgasutta*)では、「怒り」を原因として「妄執」などが生じて、「死」に向かい、「地獄」や「畜生」での再生という「苦」に到る因果関係が説かれている。

バラモン教やジャイナ教が説く因果関係と仏教の四聖諦・縁起説とを比べれば、ある種の対応関係が見て取れよう。いずれも、欲望や執着を原因として再生を獲得する過程を描いている。

この、欲望が生存を作るという思想が、唯物論と決定的に異なることは明らかであろう。唯物論では、人間は諸要素の集合にすぎないから、死後に再生するなどということはありえない。しかし、たとえ唯物論者が頭のなかで主体は存在しないと考えたところで、実際の社会のなかで生への欲動や死への欲動を停止することはできない。

古代インドでは、人々が死後に天界へ再生することを願って祭式を行っていたのだから、欲望が生存を作るという因果論は、頭のなかにある妄想ではなく、現実を動かしていた思想だったのである。

古代インドにおいて、現実に社会の秩序を支えていた、死後に天界へ再生しようとする渇望の存在を、仏教は認めた。再生へ向かって渇望が駆動するという生存のあり方を、批判的に明らかにした点で、仏教は唯物論と袂を分かったのである。

5 生存の二形態

十二支縁起

四聖諦と五支縁起に共通する構造に着目して叙述してきたが、これを縁起説のなかで最も包括的な十二支縁起で見ると、どうなるだろうか。まずはテキストを確認しておこう。傍線部は、五支縁起に当たる。

無知という原因から**諸形成作用**が〔生じ〕、諸形成作用という原因から**認識**が〔生じ〕、認識という原因から**名と姿**が〔生じ〕、名と姿という原因から**六つの〔認識器官という〕拠り所**が〔生じ〕、六つの〔認識器官という〕拠り所という原因から接触が〔生じ〕、接触という原因から**感受**が〔生じ〕、感受という原因から渇望が〔生じ〕、渇望という原因から執着が〔生じ〕、執着という原因から生存が〔生じ〕、生存という原因から誕生が〔生じ〕、誕生という原因から老いと死、悲しみ・嘆き・苦しみ・憂い・疲労困憊が生じる。このように、この全ての苦しみの集まりの生起がある。

（『律蔵』「大品」）

十二支縁起が、五支縁起を核としつつ、五蘊・六処を取り込んでいることは本章第1節ですでに指摘した。十二支縁起では、渇望からさらに遡って、その原因を五蘊・六処にたどる。五蘊や六処という個体存在があってはじめて、渇望が生じるからである。

十二支縁起ではさらに遡って、「無知」（無明）という第一原因に到る。第三章で言及したように、また第六章で詳しく述べるように、渇望を苦の原因と措定する四聖諦においても、渇望の停止は、四聖諦の「知」によって実現する。渇望の淵源に無知を見出したのである。

つまり十二支縁起は、五支縁起の前提となる五蘊・六処という個体存在と、「無知」という渇望の淵源とを示しているのであり、五支縁起をさらに詳しく説明しているわけである。再度の確認となるが、その核にあるのは、やはり五支縁起である。

「主体の不在」と「自己の再生産」

あらためて整理してみよう。四聖諦と五支縁起とに共通する構造は、①生存が苦に帰結する過程と、②生存が渇望により起こる過程、という生存にかかわる二つの過程を明らかにしている点である。前者は五蘊・六処に結びつけて説明され、後者は輪廻的生存の連続を説き明かす。

まず①について。生存は、常に危うい状態にある。思いもかけないところから統御のきかない事態に陥り、日常に自明だと思っていたことが覆ってしまう。このような状態は潜在的に続いていて、たとえ多くの人々が安定していると思っていても、何らかのきっかけで顕在化する。したがってこの過程では、認識主体・行為主体・輪廻主体としての「自己」の存在を認めることはできない。自己は諸要素の集合に過ぎず、諸要素を統一する主体などないからである。この意味で、仏教は「主体の不在」を説いている。

次に②について。生存そのものは、繰り返し「自己を作り上げる」ことによって成り立っている。未来に向けて努力すれば、よりよい世界が開けるのであり、それを怠れば、どんどん状態は悪化していく。良い方向であれ、悪い方向であれ、そのように次から次へと新たな自己を作り上げることによって、生存を維持するために生存を維持するという無限の反復に陥っている。

この過程では、渇望がある限り、執着が起こり、生存が繰り返し作られる。諸要素の集合に過ぎない非主体的なこの生存を仮に「自己」と呼ぶなら、仏教は「自己の再生産」をも説いていると言える。

「主体の不在」と「自己の再生産」。この二つが、四聖諦と縁起とに共通の構造なのである。

非有非無・不常不断の中道

「主体としての自己の不在」と「諸要素としての自己の再生産」という生存の両形態を明かすことで、仏教は古代インド社会にそれまでなかった新たな思想を打ち出した。それは、唯物論と同様に輪廻の主体を認めず、輪廻の主体を措定するバラモン教やジャイナ教と一線を画している。他方、バラモン教やジャイナ教と同様、欲望が再生をもたらす過程を示して、たんに主体を否定する唯物論を斥けている。

仏典によれば、ブッダは、ヴァッチャゴッタという遍歴行者に「自己は存在するのか」と問われて沈黙し、「自己は存在しないのか」と問われて沈黙したという。ヴァッチャゴッタが去った後で、アーナンダがなぜ答えなかったのかを質問した。ブッダはこう答えている。

アーナンダよ、私が遍歴行者ヴァッチャゴッタに「自己は存在するのか」と問われたときに、もし私が「自己は存在する」と答えるならば、アーナンダよ、これは、かの永遠を説く行者・祭官らの側になってしまう。またアーナンダよ、遍歴行者ヴァッチャゴッタに「自己は存在しないのか」と問われたときに、もし私が「自己は存在しない」と答えるならば、これは、かの断滅を説く行者・祭官らの側になってしまう。

（『相応部』四四・一〇「アーナンダ経」）

ここで「自己が存在する」という見解を斥けるのは、「主体としての自己」の存在を認めないからである。他方、「自己が存在しない」という見解を斥けるのは、死後は無に帰すと考えるなら「自己の再生産」という過程を看過してしまうからである。

十二支縁起を説く仏典では、「存在する」と「存在しない」の両方を斥ける。「一切が存在する」（有）という見方はひとつの極端であり、「一切が存在しない」（無）という見方はもうひとつの極端であって、その両方を斥ける「中」による教えが十二支縁起だとも説く（『相応部』一二・一五「カッチャーヤナゴッタ経」）。これを「非有非無《ひうひむ》の中道」と呼ぶ。

さらに、別の仏典は、行為者と行為の結果（業果）の受け手が同一だという見解を、永遠の自己があると考える誤り（常住論）に陥るとして斥けると同時に、行為者と行為の結果の受け手が異なるという見解を、行為者と行為の結果の相続を否定する誤り（断滅論）に陥るとして斥ける。これら両見解を離れた「中」による教えが、十二支縁起だとされる（『相応部』一二・一七「裸形カッサパ経」）。これを「不常不断《ふじょうふだん》の中道」と呼ぶ。

このように、縁起説に立てば、無知や渇望がある限り「自己の再生産」が続くわけであるから、「自己が存在しない」のではない。また、主体としての自己はない以上、「自己の再生産」を停止すれば自己は滅するから、「自己が存在する」のではない。十二支縁起は、バラモン教やジャイナ教の輪廻思想と、唯物論とを組み合わせた複眼的思考によって、両者を批判する仏教の立場をよく象徴している。

第6章　再生なき生を生きる

ブッダの涅槃

1 「自己の再生産」を停止する

初期仏教が目指すこと

「主体の不在」あるいは「生存の危うさ」という視点で「自己の再生産」を批判的にとらえる仏教は、その究極的目標として「自己の再生産」からの解放(解脱)を掲げる。本章では、「自己の再生産」がどのように起こったのか、その歴史的背景を考察したうえで、仏教における「自己の再生産からの解放」を論じたい。

まず、古代インド社会の知見を可能な限り拡げ、人類史の視点で自己の再生産が意味するところを考察する(第1節)。それをふまえ、仏教が目指す「涅槃」「解脱」「苦滅」とは自己の再生産からの解放に他ならないことを示す(第1・2節)。

では、自己の再生産からの解放はどのように実現するのか、また、自己の再生産を停止した者はどのように生きるのか。それを仏教がどう説くのかを解説する(第3節)。これは、第四章で示した「贈与と自律」よりも高次の実践に位置づけられるものである。

そして最後に、自己の再生産を停止した者は、古代インド社会のなかでどう位置づけられるのか。それを仏教自身がどう説いているのかを論じる（第4節）。これにより、アーリヤ人社会の価値観を仏教がどう転換したのかが見えてくるだろう。

再生産の歴史

人間は、遺伝子の自己複製によって種を増殖する生物学的存在であるにとどまらず、言語によって秩序を形成する社会的存在でもある。人間社会の秩序が整うにつれて、自らも生命現象と不可分でありながら、人間は自らがつくりだした秩序の下で自然や生命、さらには人間自身を作り変えてきた。

狩猟採集社会から農耕牧畜社会へ移行すると、動物を飼い馴らし、木を切って植物を植えた。農耕牧畜が拡大すればするほど、森林が消えて、生態系が一変した。家畜や栽培植物はもはや野生の動植物ではなく、人間の手によって取捨されることで徐々に遺伝子の組み換えが進んだ。今からおよそ一万年前のことである。

こうした農耕牧畜社会の秩序においては、人間自身も野生のままに育つことはなく、秩序のなかでの役割を身につけながら成長する。農耕が始まると、農地で労働する者と、農地を守る戦士と、季節の周期を把握して時を司る祭官といった、狩猟採集時代にはなかった役割分担が新たに生まれ、それが親から子へと受け継がれてゆく。

ここで起こっていることは、動植物にせよ、人間にせよ、たんなる自然のサイクルではない。人間による動物の家畜化と植物栽培をかりに「動植物の再生産」と呼ぶとすれば、社会的役割分担に沿って人間を生み育てることは「人間の再生産」と呼ぶことができよう。

さらに、動植物の再生産と人間の再生産にもとづいて、あるいは、それと連動して、「自己の再生産」が始まる。第一章で述べたように、日・月・季節・年という円環の時間意識と、さまざまな所有物が並存する空間意識とが共有されるようになると、それらを前提として、個々人が未来を先取りして活動するようになる。未来の生を確実なものにしたいという欲求が、現在の行動を規定するのである。

人々は、所有する農作物を浪費せずに未来のために蓄え、家畜や財産を増やすよう励む。秋の収穫にそなえて春に種を蒔くように、死後の再生にそなえて祭式を行い、祭式にそなえてさまざまな務めに励む。未来の自己のために、現在、行動するという新たな行動様式が生まれるのである。こうして、「自己の再生産」が社会の基調となる。

死後の信仰が失われた現代社会においても、自己の再生産はますます速度を増している。人生儀礼のようにやってくる進学、就職、昇進と、それに関連する試験や業績評価に繰り返し迫られるなかで、無限に自己を再生産する。この一回の生存のなかに無数に畳み込まれているという点で、自己の再生産という運動は、現代社会で全面展開していると言えるだろう。

このような社会においては、将来のためにやるべきことが次から次へと目の前に迫ることにより、死が無限に遠景化していく。頻繁な自己の再生産は、監視システムの強化や警察機構による治安の向上、医療の発展と保険制度の整備とともに、現代社会が来世への信なしに成立しうる一因となっている。

自己を作り上げる

もともと遊牧民だったアーリヤ人は、種馬を選んで繁殖させる技術をもち、人為的に動物を再生産していた。後に、農耕を開始して植物の再生産をも行うようになった。そして、四姓という社会モデルを作った。

四姓は、「祭官、武人、庶民、隷民」という役割分担に沿った人間の再生産に他ならない。この社会において、人間は野生に育つのではなく、秩序で区切られた役割分担のなかで生まれ、育つことになる。アーリヤ人社会でもやはり「動植物の再生産」と「人間の再生産」が連動していたのである。

バラモン教の祭式のもっとも重要な目的が、それを催す祭主の天界への再生であったことは、ここまでにも繰り返し述べてきた。ヴェーダのなかのブラーフマナ文献では、この再生が、祭式をとおし、天界に「自己(アートマン)を作り上げること」によって実現すると述べられている(伏見誠「祭祀においてつくられる ātman」)。

天界に「自己を作り上げること」は、この世で「自己を作り上げること」を必要とする。さまざまな人生儀礼を経て「再生」し、「再生族」としてヴェーダを学んだうえで祭式を行わなければならない。不浄に触れると、自らも不浄な状態に転落し、浄化儀礼で身を清めないかぎり、祭式を行う資格は失われてしまう。つまり、高貴な再生族にふさわしいまっとうな人生を歩むことが要求されるのである。

祭式を行うためにアーリヤ人社会の伝統で定められたさまざまな責務を果たさなければならないという点で、天界への再生は、たんに死後の問題ではなく、現在の生を規定していた。天界に「自己を作り上げること」は、人間社会で「自己を作り上げること」を支えていたのである。

仏教は、この「自己の再生産」の存在を認めつつ、批判的にとらえなおしている。第五章で考察した五蘊や十二支縁起における「諸形成作用」(行)を意味する原語(S. saṃskāra, P. saṅkhāra)は、ヴェーダにおいて「自己を作り上げること」と表現する際の「作り上げること」(S. saṃskṛti)とまさに同じ接頭辞(sam)と語根(√kṛ)から作られた名詞である。両者の対応関係は明白である。

五蘊説の文脈では、五蘊という五つの要素のいずれにも主体は認められない。しかし、五蘊の四番目に挙げられる「諸形成作用」(行)が五蘊(色・受・想・行・識)をそれぞれ「作り上げる」と説く(『相応部』二二・七九「所食経」)。つまり、主体はないが、諸要素としての自己を「作り上げる」作用の存在は認められているのである。

十二支縁起の文脈では、「無知」(無明)を第一原因として、「諸形成作用」を含む五蘊と六処とが「渇望」を起こして、繰り返し「生存」を生み出す。仏典によれば、「諸形成作用」は、「心による形成作用」「言語による形成作用」「身体による形成作用」と定義され(『相応部』一二・二「分別経」)、また、「功徳の形成作用」「不徳の形成作用」「不動の形成作用」とも説明される(『相応部』一二・五一「考察経」)。

五蘊においても、縁起においても、「諸形成作用」こそは、行為(業)を発動する原動力であり、「自己の再生産」を作動する力なのである。

自己を作り上げることの停止――涅槃

諸形成作用によって、自己の再生産は続く。仏教が究極的な目的とする「涅槃」とは、まさにこの「一切の形成作用（ひいては形成されたもの）の静止」を意味する（『律蔵』「大品」）。行為（業）によって生死を繰り返す此岸を離れて、自己の再生産を停止した彼岸に渡ることが、涅槃である。

「涅槃」（S. nirvāṇa, P. nibbāna）という語は、「消滅する」という意の語根（√vā）から派生し、「消滅」を意味する。火が消える文脈でも用いられることから明白なように、涅槃が暗に前提にしているのは、バラモン教で行われる祭式の祭火に他ならない。祭火こそ、子孫の繁栄や天界への再生に対する渇望の象徴であり、涅槃とはその渇望の火が消えることを含意するのである。

涅槃は、「熱望」（貪《とん》）と「憎悪」（瞋《じん》）と「錯誤」（痴《ち》）――「三毒」という――の消滅とも定義される。三毒が火に喩えられる顕著な例は、カッサパ三兄弟とその弟子たち千人に対するブッダの説法である。ブッダは自分の弟子となった彼らに対して、「十八界」（第五章参照）とそこから生じるものについて、次のように説く。

托鉢修行者たちよ、一切が燃やされている。では托鉢修行者たちよ、いかなる一切が燃やされているのか。托鉢修行者たちよ、眼は燃やされている。〔眼の対象である〕もろもろの色形《いろかたち》は燃やされている。眼の認識は燃やされている。眼〔と色形と眼の認識と〕の接触は燃やされている。すなわち、眼〔と色形と眼の認識と〕の接触という原因から、感受された楽または苦または不苦不楽が生じるが、それもまた燃やされている。何によって燃やされているのか。熱望の火によって、憎悪の火によって、錯誤の火によって燃やされている。誕生・老い・死によって、もろもろの悲しみ・嘆き・苦しみ・憂い・疲労困憊によって燃やされている、と私は説く。

（『律蔵』「大品」）

この形式で、①眼・耳・鼻・舌・身・意と、それぞれの対象である②色・声・香・味・触・法と、③眼識・耳識・鼻識・舌識・身識・意識、さらに④これら十八界どうしの「接触」（触）、⑤接触によって生じる「感受」（受）を挙げて、それらの全てを燃やす「熱望」「憎悪」「錯誤」という三毒から離れるよう説く。

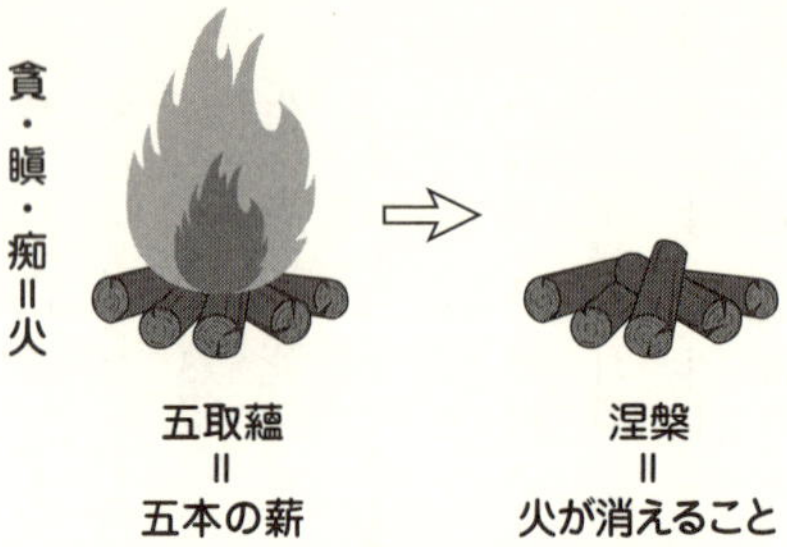

図 17　五取蘊と涅槃

ここで「一切が燃やされている」というのは、聴衆であるカッサパ三兄弟とその弟子たちが、仏弟子となる前は結髪行者だったことをふまえた表現である。彼らは、河畔の禊場《みそぎば》に隠棲所を構える祭官だった。ジャイナ教や仏教のような出家遊行者ではなく、隠棲しつつ祭式に勤しみ、ヴェーダの伝統を守る再生族だった（土田龍太郎「隠棲の問題」）。

「熱望」「憎悪」「錯誤」に喩えられる三つの火は、バラモン教の祭場に据えられる三つの祭火を暗に指している。この説法は、祭式を実践する人々に対して、祭火に一切を焦がす「熱望」「憎悪」「錯誤」を見出し、その三つを克服するよう促しているのである。

火が消えることを含意する涅槃と対になる表現として、燃料を原義とする「執着」(S. P. upādāna)という語がある。仏典は、五支縁起を説く際に、この言葉に二重の意味を含ませて、見事な比喩を用いている。

まず、「執着」によって苦に到ることは、乾燥した草や牛糞や薪といった「燃料」を、薪を焼く火炎に投げ入れることに喩えられる。次いで、「執着」に危険を見る者には苦の停止があることは、薪を焼く火炎に燃料を投げ入れないことに喩えられる（『相応部』一二・五二「執着経」）。

このことは、第五章で述べた「五つの執着要素」を意味する「五取蘊」を理解するうえでも有効である。「執着」（取）はもともと燃料を意味し、「要素」（蘊）はもともと木の枝を意味する。つまり、五取蘊という語は、「五本の薪」を暗に指すのである。

この喩えを使えば、涅槃とは、燃料の供給を停止して、薪を焼く火が消えることである。言い換えれば、自己の再生産を停止して、執着を伴う五蘊から執着を伴わない五蘊へ転換することである。初期仏典において涅槃は、基本的に「現世で」経験するものだとされているから、自己の再生産を停止して涅槃に達すれば、再生なき生を生きることになる。

再度の生存がないということは再度の死もないから、涅槃は「不死」とも呼ばれる。ブッダが人々に教えを広めるに当たって宣言した「聞く耳ある者たちに、不死への門は開かれた」（『律蔵』「大品」）という言葉は、仏教が涅槃への実践であることを端的に表している。

この涅槃こそが、四聖諦の第三である「苦の停止」に他ならない。そこで、次節では、四聖諦と縁起の解説に戻って考察を続けよう。

2　再生なき生——苦滅聖諦

再度の生存へみちびく渇望の停止

四聖諦における第三の「苦の停止」とは「涅槃」に当たり、仏典では「解脱」とも言い換えられている。「苦の停止」と「涅槃」と「解脱」は同義語なのである。四聖諦で説かれることを見てみよう。

さて、托鉢修行者たちよ、これが苦の停止をなす、高貴な者たちにとっての真実（苦滅聖諦）である。それは他ならぬその〔再度の生存へみちびく〕渇望の、余す所のない、熱望を離れた停止、放棄、捨離、解脱、無愛着である。

（『律蔵』「大品」）

第五章に述べたように、四聖諦は、さまざまな縁起説のうち、「渇望」を原因として苦しみに到る因果関係を説く五支縁起と対応している。「渇望」は快楽への渇望、生存への渇望、無生存への渇望を指すから、「苦の停止」とは、この三つの渇望を克服することを意味する。

ただし、四聖諦における「苦の停止」が知的な認識によって実現するとされていることを見逃してはならない。というのも、『律蔵』「大品」では、ブッダが五人の弟子たちに四聖諦を説いた後に、ブッダ自身が四聖諦を悟ることによって解脱に達したと語っているからである（第三章）。

十二支縁起では、五支縁起を組み込むと同時に（次の引用文の傍線部）、渇望が止む原因をさらにたどるために、「無知の停止」から始まり、「渇望の停止」を経て「苦の停止」に到る。

無知の停止から諸形成作用の停止〔があり〕、諸形成作用の停止から認識の停止〔があり〕、認識の停止から名と姿の停止〔があり〕、名と姿の停止から六つの〔認識器官という〕拠り所の停止〔があり〕、六つの〔認識器官という〕拠り所の停止から接触の停止〔があり〕、接触の停止から感受の停止〔があり〕、感受の停止から渇望の停止〔があり〕、**渇望の停止**から執着の停止〔があり〕、執着の停止から生存の停止〔があり〕、生存の停止から誕生の停止〔があり〕、誕生の停止から、老いと死と悲しみ、嘆き、苦しみ、憂い、疲労困憊が止む。このようにして、この**全ての苦しみの集まりの停止**がある。

（『律蔵』「大品」）

四聖諦の認識によって解脱を実現するとしている点で、四聖諦は、「無知」を第一原因とする十二支縁起とも同じ構造をもっている。つまり、渇望の停止は知的な認識、言い換えるなら悟りによってこそ、実現するのである。

「律」の仏伝的記述で、四聖諦の認識によって解脱に達したブッダは、

私の心の解脱は、揺るがない。これが最後の生まれである。今や再度の生存はない。

(『律蔵』「大品」)

と宣言する。ブッダの生とは、自己の再生産を停止した「再生なき生」なのである。

自己の再生産からの解放——解脱

では、「再生なき生」とはどのような生なのか。四聖諦で「苦の停止」の同義語として挙げられていた「解脱」(S. mokṣa, vimukti, P. mokkha, vimutti)は、束縛から解放されることを意味する語である。仏典では、解脱の同義語として、「生存の束縛が全く滅した」(P. parikkhīṇabhavasaṃyojana)という表現が頻出する。

ブッダが「三つの明知」を得ることで解脱したとする仏典があることは第三章で紹介したが、そのうちの「第三の明知」では、最終的に四聖諦を認識することによって「快楽」「生存」「無知」から解放されると説く。ブッダは次のように解脱の経験を語る。

このように知り、このように見るその私には、快楽の影響からも心が解放され、生存の影響からも心が解放され、無知の影響からも心が解放された。解放されたとき、解放されたという認識が生じた。「生まれることは尽きた。禁欲的修行生活は過ごし終えた。なすべきことはなしおえた。この状態より他に〔生存は〕ない」と知った。

（『中部』三六「サッチャカ大経」）

「快楽」「生存」「無知」という解脱の対象は、先に紹介した十二支縁起の引用文（一八九頁）と対応している。十二支には、「無知」と「生存」が含まれる。「快楽」は一見ないように見えるが、「執着」のひとつに挙げられるから（第五章参照）、これも含まれている。要するに解脱とは、縁起そのものの停止なのである。

「無知」からの「心」の解脱という表現に呼応して、解脱が「心解脱《しんげだつ》」と「慧解脱《えげだつ》」という対で語られることもある。基本的に、「心解脱」は心が解放されることを意味するのに対し、「慧解脱」は知的認識による解放を意味し、無知の停止を指す。

古代インドで解脱がどのようにとらえられていたのかをふまえるならば、この仏教の解脱論には、他にはない思想的意義があることが見えてくる。

ヴェーダのウパニシャッド哲学にとっての解脱は、輪廻から主体たるアートマンを解放してブラフマンと一体となることだった。また、ジャイナ教にとっての解脱とは、輪廻から主体たるジーヴァを解放することであった（第一章参照）。

こうした先行する解脱思想に対し、仏教はその意味をまったく換えている。解脱とは、もともとは「再生の連鎖からの真の自己の解放」だったのに対して、仏教では「快楽・生存・無知からの心の解放」なのである。

ここで興味深いのは、「自己」ではなく、無常な「心」をこの文の主語としたことによって、真の自己が輪廻から解放されるという「解脱」にあったもとの意味は消えていることである。解脱は、それに代わって輪廻という「自己の再生産」からの解放を指すことになる。この点で、仏教は、「解脱」という言葉の意味を換骨奪胎したのである。

如来の死後は不可知である

　では、ブッダは再生しないのならば、死後はどうなるのか。現代人にとっての死のように、初期仏教では、ブッダに死後の世界は存在せず、死によって全てが消えると考えたのか。ブッダは、「如来」(ブッダの別称)が死後にも存在するかという問いに対して、次のように答える。

　火は薪などの燃料によって燃えるが、薪が尽きれば火が消えるように、如来も五蘊について語ることはできるが、五蘊が尽きれば、消えた火と同様、存在するとか、存在しないとかと論じることはふさわしくない(『中部』七二「火ヴァッチャゴッタ経」)。ここでも、火が消えることが涅槃のメタファーとして用いられている。

　さらに、ブッダは、「如来の死後」についての問いそのものを斥けた。ブッダが明らかにするのを拒んだ一〇の見解のうち、四つがブッダの滅後に関するものである。「如来は死後存在する」「如来は死後存在しない」「如来は死後存在し、また存在しない」「如来は死後存在しないし、また存在しないのでもない」という見解である。

　仏典によれば、ブッダの姿勢に不満をもったマールンキヤープッタという弟子は、これらの見解について明らかにしなければ、出家をやめて還俗すると迫ったという。これに対し、ブッダは見事な喩えを挙げて答えている。

たとえば、マールンキャープッタよ、毒の厚く塗られた矢に射られた人がおり、その友人仲間たちや親族縁者たちが矢を抜いてくれる医者を彼のもとに連れて来たとしよう。彼がこう言うとしよう。「私は、私を射た人が王族か、祭官か、庶民か、隷民かわからないうちは、この矢を抜き取りません」と。彼がこう言うとしよう。「私は、私を射た人がこのような名で、このような姓だとわからないうちは、この矢を抜き取りません」と。彼がこう言うとしよう。「私は、私を射た人が長身か、短身か、中位かわからないうちは、この矢を抜き取りません」と。……マールンキャープッタよ、その人によって、それが知られなければ、その人は死ぬことになるだろう。

（『中部』六三「マールンキャ小経」）

ブッダはこうまとめる。この毒矢に射られた人が尋ねている問いと同様、マールンキャープッタの問いが答えられることはない。如来の死後にかんする見解は、涅槃に資さず、無益である。そのような主題は取り上げず、四聖諦という、涅槃に資し、有益なことこそが明らかにするに価する、と。

如来の死後にかんする見解を斥けるブッダの表現は、サンジャヤの懐疑論(第一章参照)とよく一致している。サンジャヤの思想を否定しつつも、サンジャヤと同様の表現を用いて、如来の死後に関する見解は無益だと答えているのである。

一〇の難問のうち、他の六つは、「世界は永遠である」「世界は永遠ではない」「世界は有限である」「世界は無限である」「生命と肉体は同じである」「生命と肉体は異なる」という内容だった。現代でも難問であろうこれらの問いは、古代インドでは明らかに解決不能だった。こうしたわかりえない問いに対しては自覚的に不可知論の立場に立つべきことを、毒矢の喩えは雄弁に示している。

しかしながら、ブッダの死後にかんする関心は出家教団においてさえ根強かったようである。藤田宏達によれば、こうした関心に対する一種の積極的な解答として、「(生存の)依り所(身心)の残余なく消滅する領域(無余涅槃界《むよねはんかい》)に消滅(涅槃)する」という表現(『長部』一六「大般涅槃経」)が生まれたのだという(「涅槃」)。

いささか難しい表現だが、この場合の「涅槃」とは、生前に得られる悟りの境地ではなく、ブッダの死を指している。涅槃という語は「消滅する」ことを原義とするため、如来の死を指す語ともなった。日本で「涅槃」という語がしばしばブッダの死をいうのは、この意味である。

さらにここにある「無余涅槃界」の「界」(S. P. dhātu)とは、大乗仏典の『涅槃経』の研究で下田正弘が指摘したように、「遺骨」をも意味し、ブッダの遺骨を納めた仏塔を示唆する(『涅槃経の研究』)。

本書が扱う初期仏典には、ブッダの死を主題とする「大般涅槃経」を除いて、仏塔への言及はほとんどないが、仏典の外部には、仏塔信仰が広がっていた。「無余涅槃界」という表現からは、出家教団が伝承した仏典と、出家教団の背後に普及していた仏塔信仰との、貴重な接点が見えてくるのである。

3　二項対立を超える道——苦滅道聖諦

八聖道の構造

さて、いよいよ四聖諦の最後を取り上げよう。第四の真実に当たる「苦の停止へみちびく道」とは、「八聖道《はっしょうどう》」である。ブッダは、「八聖道」を「中道」に位置づける。それでは、「中道」とは何か。

托鉢修行者たちよ、これら二つの極端は、出家者が近づいてはならない。二つとは何か。すなわち、〔第一の極端は〕もろもろの快楽において快楽の喜びに耽ることであり、下劣であり、卑しく、凡俗の者のすることであって、高貴な者のすることではなく、有益ではない。そして、〔第二の極端は〕自己を苦しめる行に耽ることであり、苦であり、高貴な者のすることではなく、有益ではない。托鉢修行者たちよ、これら二つの極端に近づくことなく如来が悟った、眼を生み、知を生む中道は、寂静・証知・菩提・涅槃に資する。

（『律蔵』「大品」）

「中道」に立つならば、バラモン教に代表される祭式によって欲望の実現を追求する生き方も、ジャイナ教に代表される自己に苦行を課す生き方も、有益ではない。その両極を超える八聖道こそ、四聖諦の「苦の停止へみちびく道」である。ブッダはこう説く。

さて、托鉢修行者たちよ、これが苦の停止へみちびく道という高貴な者たちにとっての真実（苦滅道聖諦）である。この八支の聖道である。すなわち、正しい見解（正見《しょうけん》）、正しい意思（正思《しょうし》）、正しい言葉（正語《しょうご》）、正しい行為（正業《しょうごう》）、正しい生計（正命《しょうみょう》）、正しい努力（正《しょう》精進《しょうじん》）、正しい留意（正念《しょうねん》）、正しい〔心の〕集中（正定《しょうじょう》）である。

（『律蔵』「大品」）

「八聖道」という言葉は、「八項目から成る、高貴な者（聖者）に属する道」を意味する。八聖道は、渇望や無知にとらわれた者による実践（有漏《うろ》）と、解脱した者、または将来の生で解脱することが確定した者による実践（無漏《むろ》）とに分けられる（『中部』一一七「大四十経」）。

前者は「凡夫」の実践にとどまるのに対し、後者こそが「高貴な者」の実践だとされる。この点で、八聖道は、「高貴な者」に向かう道であると同時に、「高貴な者」の生き方そのものを示しているのである。「高貴な者」の意味については、本章の最後に詳しく説明する。

さて、仏典は、八聖道が全体として「三学」と一致すると説明する。三学とは、「習慣」（戒）と「心の集中」（定）と「英知」（慧）から成り、八聖道の冒頭二支（正見・正思）が「英知」（慧）に、中間三支（正語・正業・正命）が「習慣」（戒）に、末尾三支（正精進・正念・正定）が「心の集中」（定）に包摂される（『中部』四四「明知小経」）。この理解にもとづけば、八聖道は、よい習慣を身につけ、心を集中して英知を得るという三学の実践だと見なすこともできよう。

では、八聖道の各支は何を意味するのだろうか。その内容は経典によって必ずしも一様ではないが、八聖道とそれ以外の思想との対応関係をふまえると、八聖道の構造が見えてくる。

第一は、「正しい見解」(正見)である。四聖諦の「苦の停止へみちびく道」として八聖道を解説する場合、「正しい見解」とは四聖諦に対する見解だと定義される(『中部』一四一「諦分別経」)。

この定義は、前章と本章で説明した十二支縁起や、三学と対応部分がある。「正しい見解」の定義と同様、仏典は、十二支縁起の「無知」(無明)の対象として(『相応部』一二・二「分別経」)、また三学の「英知」の対象として、四聖諦を挙げる(『増支部』三・八八「学経」)。四聖諦にかんする「正しい見解」により、「無知」を超えて「英知」を得ると考えられたのである。

第二から第四は、「正しい意思」(正思)と「正しい言葉」(正語)と「正しい行為」(正業)である。この三つは、心的行為・言語行為・身体行為(三業)と対応している。

実際、仏典では、「正しい言葉」とは、虚言、中傷の言葉、粗暴な言葉、軽薄な駄弁を口にしないことだと定義し、「正しい行為」とは、生き物を殺すこと、盗むこと、配偶者以外との性行為をしないことだと定義しており、これは「十善業道」(第四章参照)と合致する(『中部』一四一「諦分別経」)。

しかし、八聖道においては、十善業道のように善業を積むこと自体に意義があるわけではない。なぜなら八聖道は、「行為(業)の停止へみちびく道」だからである(『増支部』六・六三「洞察経」)。それは、行為をしないことではなく、「正しい意思」「正しい言葉」「正しい行為」によって、業の連鎖を断ち切ることなのである。

「善」(P. kusala)という語は、仏典においては悪に対する善を指す一方で、善悪の二項対立を超えた文脈でも用いられる。業の連鎖を断ち切る八聖道の実践によって、高次の倫理(善)が始まるのである。

第五は、「正しい生計」(正命)である。これは、正しい生活手段で暮らすことを意味する。出家生活は言うまでもないが、在家信者も八聖道を実践しうるから、戒を破らない限り、在家生活も含む。この点については、本節の次項と次々項で詳論する。

第六から第八は、「正しい努力」(正精進)、「正しい留意」(正念)、「正しい心の集中」(正定)である。この三支は、「三十七菩提分法《さんじゅうななぼだいぶんぽう》」と呼ばれる諸実践と対応する。「三十七菩提分法」という呼称自体は後代に生まれたものだが、そこで列挙される諸実践は初期仏教に由来する。

「三十七」とは、①四つの留意の確立(四念処)、②四つの正しい努力(四正勤)、③四つの成就の基礎(四神足)、④五つの能力(五根)、⑤五つの力(五力)、⑥七つの悟りの支分(七覚支)、そして⑦高貴な者たちに属する八支の道(八聖道)である。

この計三十七支あるうちの二十五支は、八聖道の末尾三支と一致する。①は八聖道の第七

「正しい留意」と一致し、②は第六「正しい努力」の同義語であり、⑦は「八聖道」そのものである。④と⑤と⑥も、それぞれ八聖道の第六「正しい努力」と第七「正しい留意」と第八「正しい心の集中」に当たる三支を含む。これらは仏典で定型的に次のように定義される。

「正しい努力」とは、まだ生じていない不善を起こさず、すでに起こった不善を絶ち、まだ生じていない善を起こし、すでに生じた善を大きくするよう、意欲を起こして努めることである(四つの正しい努力)。

「留意」とは、身体・感受・心・法(身・受・心・法)という四つを観察し、留意することである(四つの留意の確立)。

「心の集中」とは、欲望や不善を離れた、心の集中状態に達することである。集中の度合にしたがって四段階(禅定の種類によっては、八段階または九段階)に分類される。集中の度合が高まれば高まるほど、苦もなく楽もなく、喜びも憂いもない心の状態が実現する(四つの集中)。

このように、八聖道は、三学に対応し、三業や三十七菩提分法の大半を包含した実践である。初期仏典のなかで最も重視される実践だといっても過言ではない。

しかし、以上のような仏典の説明では、さまざまな徳目が並んでいるだけで、どのように実践するのかという具体的説明がない、という印象を受けるかもしれない。しかし、口頭伝承の時代には、仏典の内容にかんする具体的な説明やアドヴァイスは、仏典の読誦者が聞き手に向かってそれぞれ語っていた。具体的な修行方法や細かな指示を含む実践体系がテキストにまとめられるようになるのは、書写が始まった後である。

そこで、八聖道という実践に別の角度から光を当てるために、改めて仏教信者の生活様式について論じたい。

在家信者の実践

仏教は在家信者の存在と役割を認めており、全ての者が出家すべきだとは考えていなかった。そもそも全ての人間が出家したら、出家生活は成り立たない。仏典は、在家信者の生活様式として農業、商業、官僚やその他の技芸で暮らすことを挙げており(『増支部』八・七六「具足経」)、これらの職業の価値が否定されることはない。

仏典には、八聖道の第四「正しい行為」に、「配偶者以外との性行為をしないこと」が挙げられている(『中部』一四一「諦分別経」)。出家者のみの実践であれば、ここは「性行為をしないこと」でなければならないから、この定義は、八聖道が出家者のみならず在家信者にも開かれていたことを意味する。

したがって、初期仏教では、解脱するのに在家と出家の間で区別はなかった。将来、解脱することが確定した在家信者の名が仏典でしばしば挙げられるし、在家信者に対して天界への再生よりも涅槃を目指すよう説かれてもいる(『相応部』五五・五四「病経」)。出家であれ、在家であれ、八聖道の実践者は正法を楽しみ(『相応部』四五・二四「道経」)、涅槃に向かう(『中部』七三「ヴァッチャゴッタ大経」)。

在家でも解脱できることについては、『律蔵』「大品」に象徴的な物語がある。第三章でもふれたように、資産家の息子ヤサがブッダの説法を聞いて解脱したことが、諸部派で共通して説かれている。在家でも解脱可能であることは、インド仏教で広く信じられていたのである。

ただし、解脱した後も在家のままで暮らせるか否かについては、部派の間で見解に相違があった。上座部大寺派や説一切有部では、解脱すると在家生活は耐えられなくなり、即座に出家するか、即座に死没(無余涅槃)すると考えられた(藤田宏達「在家阿羅漢論」)。実際、両派の『律蔵』では、ヤサは即座に出家したとされている。

他方、大衆部の『大事』では、ヤサが解脱した後、時間を置いて、両親の懇願によって出家する。この記述は、両親が懇願しなければ、その後も在家のままだったことを暗示している。大衆部系は在家の解脱者の存在を認めていたから、この物語は、解脱後も在家生活を続けられるという考え方を反映しているのであろう。

両者のうち、どちらがより古い伝承なのかを判断するのは難しい。藤田宏達は、もともと在家の解脱者は認められていたが、後に出家教団が出家者の優位性を確保するために、解脱者は在家生活を続けられないと主張するようになったと想定する。

いずれにせよ、在家信者は、社会のなかで働きながら、贈与(布施)に励み、良い習慣(戒)を身につけて暮らし、仏教への信が深まれば、聞法して四聖諦を学び、八聖道を実践する。ブッダがこのように在家信者に対して教えていたと、初期仏教では伝承していた。

しかしながら、言うまでもなく、在家生活を営むということは、多くの場合、家族をもって子供を育て、家畜を養い、農作物を栽培し、あるいは商売をするということである。本章冒頭に立ち返ると、動植物や人間の再生産をしながら「自己の再生産」を停止しようとするのだから、それは容易な実践ではない。

そこで、「自己の再生産」を停止することに全力を注げるよう整えられた生活様式が提案される。それが出家である。

出家生活の意義

初期仏教における出家者・出家教団については本書でたびたび取り上げてきたが、「自己の再生産の停止」を目指す生活様式だという視点で、もう一度論じておこう。

出家生活の要は、所有と再生産から離れた生活様式を打ち立てることにある。初期仏教は、五蘊・六処という個体存在の諸能力・要素について「自己(主体)ではない、自らのもの(所有)ではない」と説いていた。この思想にもとづいて、出家者は、原則として所有を放棄し、最低限の所有物で暮らすのである。

家畜や土地を所有しないから、当然牧畜や農耕という動植物の再生産に関わらない。家族を離れ、性交しないため、人間の再生産にも関わらない。祭式を行わないため、天界に「自己を作り上げる」こともない。

出家者の生活様式を社会のなかに位置づけるなら、所有しない出家者は、家族をもたないから血縁共同体から離れ、生産活動に従事せず納税もしないから国家に属さず、所有しないから貨幣経済にも入らない。所有にもとづく再生産社会から離れた個の集団が、仲間や集団を意味する「サンガ」すなわち出家教団なのである。

在家信者の施しで生きる出家生活は、山奥で木の実を食べながら一人暮らすというようなことはできず、逆に社会に依存した生活様式である。托鉢するために村や街に出かけなければならず、必要に応じて人々に教えを説かねばならない。再生産社会から離れながらも、そこに依存するという意味で、出家者は社会との切断と接続を繰り返して暮らすことになる。

自らの生活の糧を捨てて各地を遊行する出家者は、将来に対する不安に襲われてもおかしくない。しかし、将来に対する不安にかられている限り、再生産活動を続けることになる。そこで、その不安に打ち克つよう促される。

たとえば、アショーカ王碑文の「七種の法門」のひとつに想定されている「未来恐怖経」という経典は、未開地のなかにただ一人いて蛇や虫にかまれること、病気などで死ぬこと、ライオンなどの猛獣に襲われること、盗賊などの人に殺されることといった恐怖を克服して、解脱のために命を惜しまず励むことを勧める(『増支部』五・七七)。

出家生活は、「動植物の再生産」からも「人間の再生産」からも離れるという点において「自己の再生産の停止」を目指すのにふさわしい生活形態だった。他の何にも属さない個の集団(出家教団)に身を置いて、八聖道を実践することに、出家生活の目的はあると言ってよい。

4　「アーリヤ」の逆説的転換

四聖諦と八聖道の「聖」

四聖諦とは、八聖道の実践によって「高貴な者」となり、最終的に「自己の再生産」を停止するという教えであることがわかった。

ここで「高貴な者」と訳した「アーリヤ」(S. ārya, P. ariya)という原語は、第一章で述べたアーリヤ人の「アーリヤ」とまったく同じ言葉である。古代インド社会で「アーリヤ」と呼ばれたのは、四姓のうち、祭官・武人・庶民から成る「再生族」だった(第一章参照)。再生族はこの上位三階級に限られ、「アーリヤ」は「高貴な者」を指していた。

仏教は、「高貴な者」を意味するこの言葉の内実を転換して用いている。仏教が説く「アーリヤ」とは、解脱に達した者(阿羅漢)や、解脱が確定して将来の生で必ず解脱する者(預流《よる》・一来《いちらい》・不還《ふげん》)、いわゆる「聖者」を指す。仏典は、「アーリヤ」についてこう語る。

托鉢修行者たちよ、どのように托鉢修行者は高貴な者(アーリヤ)となるのか。〔心を〕汚し、再度の生存へみちびき、苦悩を引き起こし、苦という報いをもたらし、未来に誕生や老いや死が生じる、もろもろの悪しき不善の性質が、彼には全くない。托鉢修行者たちよ、このように托鉢修行者は高貴な者となる。

(『中部』三九「アッサプラ大経」)

ここでいう「アーリヤ」は、もはや再生族を意味しない。自己を再生産しない者、悪行を離れた者を指している。しかも、この引用文は、四聖諦を認識して解脱した者にかんして論じる文脈にある。四聖諦を認識した者が「アーリヤ」と呼ばれているのである。

そもそも、四聖諦の「聖」とは、「高貴な者」(アーリヤ)と同じ言葉に他ならない(榎本文雄「「四聖諦」の原意とインド仏教における「聖」」)。また、四聖諦の「諦」とは、「真実」「現実」を意味し、仏典では「諦」が「そうであること」「真実」を意味する語(P. tatha)に言い換えられる(『相応部』五六・二〇「如経」)。

この二点をふまえて、第五章と本章で述べてきたことをあらためてまとめてみよう。

四聖諦とは、「四つの、高貴な者たちにとっての真実」である。

「五つの執着要素は苦である」(五取蘊苦)ことが「苦という、高貴な者たちにとっての真実」(苦聖諦)であり、「再度の生存へみちびく渇望」が「苦の原因をなす、高貴な者たちにとっての真実」(苦集聖諦)である。

「再度の生存へみちびく渇望の停止」が「苦の停止をなす、高貴な者たちにとっての真実」(苦滅聖諦)であり、「八聖道」が「苦の停止へみちびく道という、高貴な者たちにとっての真実」（苦滅道聖諦）である。

そして、最後の苦滅道聖諦に位置づけられた「八聖道」は、「八項目から成る、高貴な者たちの道」である。

このように、四聖諦と八聖道が「高貴な者」をその名に冠していることは、仏教が「高貴な者」の意味をどう転換したかをよく示している。仏教が説く「高貴な者」とは、「四聖諦を悟り、八聖道を実践する者」なのである。

真に高貴な者

仏教が「高貴な者」を理想像に掲げていたことは、紀元前三世紀の資料にも確認できる。というのも、アショーカ王碑文の「七種の法門」には、「高貴な者」（アーリヤ）を名に冠する仏典が挙げられるからである。

これに想定される経典によれば、衣食住に満足し、修行を楽しみ、自らを誇って他者を蔑むことがない出家者は「高貴な者の系譜」に連なる、と述べている（『増支部』四・二八「聖姓経」）。あるいは想定されるもうひとつの経によれば、解脱した者を指して「高貴な者」と呼ぶ（『増支部』一〇・二〇「聖住経」）。いずれにせよ、ここでの「アーリヤ」が再生族を意味しないことは明白であろう。

古代インドにおける「アーリヤ」という言葉の意味を仏教は転換し、四聖諦を認識し八聖道を実践する者を「アーリヤ」と定義した。生まれと祭式による「再生族」が高貴なのではなく、四聖諦と八聖道による「再生しない者」こそが真に「高貴な者」だという仏教の逆説的な主張が、この「アーリヤ」の用法に込められている。

そして「高貴な者」の最たる存在が、ブッダに他ならない。王子として生まれながら、その特権と一切の富を放棄し、乞食をしつつ各地を巡る遊行者。社会の最底辺に身を置いて暮らしながらも、優雅で荘厳な立ち居振る舞いを身につけたこの托鉢修行者は、王よりも神々よりも「高貴な者」として仏典で描かれる。

解脱した後、ブッダは、バラモン教の最高神ブラフマンにより人々へ教えを説くよう要請される。ブラフマンのみならず四天王や帝釈天などの神々が教えを聞きに続々とブッダを訪ねる。ブッダがマガダ国へ到着すると、国王ビンビサーラは一二万人もの人々を引きつれてブッダを迎え、在家信者となった(『律蔵』「大品」)。

ブッダのように、正しい見解を具えて、渇望を克服し、正しい実践を身につけた者こそ、真に「高貴な者」である。そう描く仏典をとおして、初期仏教は、高貴な者たちにとっての真実に目覚め、高貴な者たちの道を進むよう促しているのである。

ひろがる仏教

「高貴な者」が生み出す世界

世界の創造神や宇宙原理を立てるのではなく、「高貴な者」という言葉の意味を刷新して、新たな生き方を示したことは、仏教が拡大する原動力となった。

仏典によれば、ブッダに会って教えを聞いた者たち、コンダンニャをはじめとする五人の弟子、資産家の青年ヤサ、彼の家族や友人たち、祭官だったカッサパ三兄弟とその一門、遍歴行者のサーリプッタとモッガラーナ、彼らは次々と「高貴な者」となった(第三章)。

さらに王族、商人、職人、農民、青年、遊女らが次々とブッダに出会って、在家信者となり、あるいは出家した。都市化が進む古代インド社会にあって、ブッダの教えは、束縛から解放された崇高な生き方を示すものとして、多くの人々を惹きつけたのである。

ブッダが没した後も、出家教団が南アジア各地に広まるにしたがって、さらに多くの人々が仏教に加わっていった。「高貴な者」という崇高性に訴えた出家教団は、ブッダの教えを口頭で伝承し、人々に唱え広めた。

ブッダが語りかけることから生まれた仏典という曲に魅了された人々は、さまざまな変奏を奏でていく。伝播した時代と場所とともにその音色を変えながら、ガンジス川流域で始まったこの音楽は、やがてアジアの広い地域で響き渡ることになる。

菩薩という理想像

結集仏典として当初は認められていなかった『本生』の物語には、ブッダが成仏する前、過去世で「菩薩」だったころの物語が描かれている(第二章)。その中には、菩薩が利他的行為に身を投じる説話が少なくない。

ブッダに成ろうという誓願を立てた男が、燃燈仏《ねんとうぶつ》という過去仏がぬかるみに足を入れそうになったとき、そこに自らの衣を脱いで敷き、さらに髪をほどいて敷いて、その上を歩ませた。それを見た燃燈仏は、彼が将来ブッダと成ることを予言した(燃燈仏授記)。

紀元前後に現れた大乗は、『本生』などが描くこうした菩薩の物語を背景として、菩薩として生き、自らブッダと成ることを目指すよう説き始める。結集仏典の枠外で次々と制作された大乗仏典は、ゴータマ・ブッダに代表される「高貴な者」という理想像に加えて、新たに阿弥陀仏、薬師仏、毘盧遮那仏《びるしゃなぶつ》などの諸仏や、文殊菩薩、普賢菩薩、観音菩薩、勢至《せいし》菩薩、地蔵菩薩などの諸菩薩といった理想像を生み出していった。

『般若経』や『法華経』は、ブッダが「四聖諦」を教えたという「転法輪」を踏まえて、自らを「第二の転法輪」に位置づける。さらに、その後に成立した『解深密経《げじんみっきょう》』は、ブッダは初転法輪で四聖諦を説き、第二転法輪で「空性」を説いたが、いずれも完全な教えではなく、『解深密経』で新たに説かれる「唯識《ゆいしき》」の教えこそが完全であり、「第三の転法輪」であるという。

仏教が中央アジアに広まると、タリム盆地にあるコータンでは『華厳経《けごんきょう》』が大部の経典集として編纂された。中国では『梵網経』『首楞厳経《しゅりょうごんぎょう》』『円覚経《えんがくきょう》』といった経典が新たに制作され、チベット文化圏では地中に埋蔵されていたという経典が新たに発見されていく。自ら菩薩としてブッダと成ることを目指すこの仏教は、大乗経典という新たな音楽を奏で続けていったのである。

歴史の力

大乗仏典がスリランカへもたらされるようになった頃、この地を拠点とする上座部大寺派は、大乗とは全く異なる画期的な方法によって、「高貴な者」に新たな息吹を吹き込んだ。それは、「歴史」を作るということによってである。

後四世紀頃、上座部大寺派は『島史』という史書を編纂した。『島史』が創造した歴史によれば、スリランカの大寺(マハーヴィハーラ)こそが、ゴータマ・ブッダが降臨した聖地であるという。また、大寺には、結集された仏説が完全な形で伝承されているとする。さらに、大寺は、世界最初の王であるマハーサンマタ王(第四章参照)の末裔にして釈迦族の血を引く王によって設立されたというのである。

このようにブッダの存在を大寺という空間に引き込み、その教えを大寺が伝承する仏典に見出すことによって、ブッダという「高貴な者」が大寺という出家教団に重ねられたのである。それは、歴史によってブッダを生き生きとした存在として感じさせるものだった。

古代の南アジア世界には年代記が存在しなかったという事実に鑑みれば、ブッダを起点にして、スリランカに到る流れを描いた上座部大寺派による「歴史の創造」は、驚くべきものがある。この後、上座部大寺派は、『大史』『小史』といった史書の編纂を続け、スリランカにおける史官の役割を果たしていく。

　こうして史書により作られた歴史観に立って、五世紀前半、上座部大寺派は、パーリ三蔵の正典化を完了し、大乗仏典を「非仏説」として排除する教理的根拠を作り上げた。ブッダはパーリ語で話したのであり、三蔵という正典は、パーリ語でこそ伝承されるべきだという主張をした。

　さらに、スリランカから東南アジア大陸部へ仏教が広まると、上座部大寺派が伝承した三蔵は、翻訳されることなく、これらの地域へ伝えられ、今日も生きた「ブッダの言葉」(仏語)として朗誦されている。

あとがき

二〇一七年七月、ドイツのハンブルク大学が主催した国際会議に招かれ、南インド、カルナータカ州のチベット難民村にある仏教僧院に滞在した。聴衆としてこの会議に参加した二〇〇人の若き学僧たちからは、どの発表よりも強い印象を受けた。

仏教を学ぼうと、ブータン、ネパール、ラダック地方から、そして、文字通り命がけで中国統治下のチベットから集まってきた約六〇〇〇人が暮らすこの僧院で、学僧たちは、約一〇年かけて膨大な量の仏典の暗記と討論に鍛えられる。授業が始まると、彼らが活発に議論する声が広い境内にこだました。

会議に参加したのは、学習期間を終え、教師として選抜された学僧たちだった。寛いだ時間には冗談と笑顔が絶えない若者に戻るのだが、決して豊かとはいえない環境にあって品格ある態度と知性を具えた彼らのまなざしに、何度身の引き締まる思いがしただろうか。

本書をまとめることができたのは、チベット仏教僧院のように自由闊達な議論が交わされる東洋文化研究所に負うところが大きい。アジア研究の諸領域で活躍する同僚たちに感謝する。佐藤仁さんは、いつも突然に私の研究室へやって来て、日本人離れしたユーモアで笑わせ、知的に触発し、広い視野へと導いて部屋を去っていく。古井龍介さんは、佐藤さんから「タゴールとガンディーの会話」と揶揄されながらも、私との終わりなき議論につきあって、鋭い洞察をたびたび披露してくれた。

古典言語の習得と文献の研究に、先達と善友は不可欠である。師である下田正弘、森祖道、マーガレット・コーン(Margaret Cone)、ポール・ハリソン(Paul Harrison)、執筆に当たり助言を賜った永ノ尾信悟、中里成章、斎藤明、貫成人の先生方、草稿に貴重な意見をくださった林隆嗣、梶原三恵子、荒谷大輔、土田マーク、堀田和義、八尾史の各氏に、この場を借りて御礼申し上げます。

本書は、編集の杉田守康さんが初期仏教の企画を赤松明彦先生と小川隆先生に相談し、お二人が執筆者に私を御推薦くださったことから生まれた。貴重な執筆の機会を授かったことに、そして、執筆を懇切丁寧に手助けくださったことに衷心より謝意を表します。

写真家の大村次郷さんは、数々の貴重な写真を本書に快く提供してくださった。ここに記して感謝申し上げます。

初期仏教の思想は、その後の仏教にさまざまな形で脈打っている。成功したかどうかは読者の判断に任せるとして、初期仏教を入り口とした仏教入門になることを目指して本書を書いてきた。

仏典の一節で、ブッダは自らの教えを筏に喩えている。筏は大きな川を渡るためのものであって、渡った後に担ぐためのものではない。渡った後の筏のように、私の教えも最終的には捨てるべきである、と(『中部』二二「蛇喩経」)。この言葉にならって言えば、本書もまた渡った後に手放されるべき筏として書かれている。

二〇一八年四月八日　東京大学東洋文化研究所にて

馬場紀寿

岩波新書より

心理・精神医学

子育ての知恵 幼児のための心理学　高橋惠子
モラルの起源　亀田達也
トラウマ　宮地尚子
自閉症スペクトラム障害　平岩幹男
だます心 だまされる心　安斎育郎
痴呆を生きるということ　小澤勲
純愛時代◆　大平健
精神病　笠原嘉
やさしさの精神病理　大平健
生涯発達の心理学　高橋惠子・波多野誼余夫
認識とパタン　渡辺慧
人間の限界　霜山徳爾
コンプレックス　河合隼雄
天才　宮城音弥
日本人の心理◆　南博
感情の世界　島崎敏樹

カラー版

カラー版 国芳　岩切友里子
カラー版 北斎　大久保純一
カラー版 知床・北方四島　大泰司紀之・本間浩昭
カラー版 西洋陶磁入門　大平雅巳
カラー版 すばる望遠鏡の宇宙　海部宣男・宮下曉彦写真
カラー版 メッカ　野町和嘉
カラー版 シベリア動物誌　福田俊司
カラー版 ハッブル望遠鏡が見た宇宙　野本陽代・R・ウィリアムズ
カラー版 妖怪画談　水木しげる

岩波新書より

哲学・思想

アリストテレスの哲学	中畑正志
スピノザ	國分功一郎
哲人たちの人生談義 ストア哲学をよむ	國方栄二
西田幾多郎の哲学	小坂国継
死者と霊性	末木文美士編
道教思想10講	神塚淑子
マックス・ヴェーバー	今野元
新実存主義	マルクス・ガブリエル 廣瀬覚訳
日本思想史	末木文美士
ミシェル・フーコー	慎改康之
ヴァルター・ベンヤミン	柿木伸之
モンテーニュ 人生を旅するための7章	宮下志朗
マキァヴェッリ	鹿子生浩輝
世界史の実験	柄谷行人
ルイ・アルチュセール	市田良彦
異端の時代	森本あんり
ジョン・ロック	加藤節
インド哲学10講	赤松明彦
マルクス 資本論の哲学	熊野純彦
日本文化をよむ 5つのキーワード◆	藤田正勝
中国近代の思想文化史	坂元ひろ子
憲法の無意識	柄谷行人
ホッブズ リヴァイアサンの哲学者	田中浩
プラトンとの哲学 対話篇をよむ◆	納富信留
〈運ぶヒト〉の人類学	川田順造
哲学の使い方	鷲田清一
ヘーゲルとその時代	権左武志
人類哲学序説	梅原猛
加藤周一	海老坂武
哲学のヒント◆	藤田正勝
空海と日本思想◆	篠原資明
論語入門	井波律子
トクヴィル 現代へのまなざし	富永茂樹
和辻哲郎	熊野純彦
宮本武蔵	魚住孝至
西田幾多郎	藤田正勝
丸山眞男	苅部直
西洋哲学史 近代から現代へ	熊野純彦
西洋哲学史 古代から中世へ	熊野純彦
世界共和国へ	柄谷行人
悪について	中島義道
神、この人間的なもの◆	なだいなだ
近代の労働観	今村仁司
プラトンの哲学	藤沢令夫
術語集Ⅱ	中村雄二郎
マックス・ヴェーバー入門	山之内靖
ハイデガーの思想	木田元
臨床の知とは何か	中村雄二郎
新哲学入門◆	廣松渉
「文明論之概略」を読む 上・中・下	丸山真男
術語集	中村雄二郎
死の思索	松浪信三郎

(2023.7)　◆は品切，電子書籍版あり．　(J1)

岩波新書より

宗教

岩波新書新赤版一〇〇〇点に際して

ひとつの時代が終わったと言われて久しい。だが、その先にいかなる時代を展望するのか、私たちはその輪郭すら描きえていない。二〇世紀から持ち越した課題の多くは、未だ解決の緒を見つけることのできないままであり、二一世紀が新たに招きよせた問題も少なくない。グローバル資本主義の浸透、憎悪の連鎖、暴力の応酬——世界は混沌として深い不安の只中にある。

現代社会においては変化が常態となり、速さと新しさに絶対的な価値が与えられた。消費社会の深化と情報技術の革命は、種々の境界を無くし、人々の生活やコミュニケーションの様式を根底から変容させてきた。ライフスタイルは多様化し、一面では個人の生き方をそれぞれが選びとる時代が始まっている。同時に、新たな格差が生まれ、様々な次元での亀裂や分断が深まっている。社会や歴史に対する意識が揺らぎ、普遍的な理念に対する根本的な懐疑や、現実を変えることへの無力感がひそかに根を張りつつある。そして生きることに誰もが困難を覚える時代が到来している。

しかし、日常生活のそれぞれの場で、自由と民主主義を獲得し実践することを通じて、私たち自身がそうした閉塞を乗り超え、希望の時代の幕開けを告げてゆくことは不可能ではあるまい。そのために、いま求められていること——それは、個と個の間で開かれた対話を積み重ねながら、人間らしく生きることの条件について一人ひとりが粘り強く思考することではないか。その営みの糧となるものが、教養に外ならないと私たちは考える。歴史とは何か、よく生きるとはいかなることか、世界そして人間はどこへ向かうべきなのか——こうした根源的な問いとの格闘が、文化と知の厚みを作り出し、個人と社会を支える基盤としての教養となった。まさにそのような教養への道案内こそ、岩波新書が創刊以来、追求してきたことである。

岩波新書は、日中戦争下の一九三八年一一月に赤版として創刊された。創刊の辞は、道義の精神に則らない日本の行動を憂慮し、批判的精神と良心的行動の欠如を戒めつつ、現代人の現代的教養を刊行の目的とする、と謳っている。以後、青版、黄版、新赤版と装いを改めながら、合計二五〇〇点余りを世に問うてきた。そして、いままた新赤版が一〇〇〇点を迎えたのを機に、人間の理性と良心への信頼を再確認し、それに裏打ちされた文化を培っていく決意を込めて、新しい装丁のもとに再出発したいと思う。一冊一冊から吹き出す新風が一人でも多くの読者の許に届くこと、そして希望ある時代への想像力を豊かにかき立てることを切に願う。

（二〇〇六年四月）

馬場紀寿

1973年，青森県生まれ．2006年，東京大学大学院人文社会系研究科博士課程修了．博士(文学)．
現在一東京大学東洋文化研究所教授
専攻一仏教学
著書一『上座部仏教の思想形成——ブッダからブッダゴーサへ』(春秋社，日本南アジア学会賞)
「スリランカにおける史書の誕生」(『東方学』第133輯，東方学会賞)
“From Sri Lanka to East Asia: A Short History of a Buddhist Scripture” (*The ‘Global’ and the ‘Local’ in Early Modern and Mordern East Asia*, Brill)

初期仏教 ブッダの思想をたどる 岩波新書(新赤版)1735

2018年8月21日 第1刷発行
2024年3月5日 第6刷発行

著 者 馬場《ばば》紀寿《のりひさ》

発行者 坂本政謙

発行所 株式会社 岩波書店
〒101-8002 東京都千代田区一ツ橋2-5-5
案内 03-5210-4000 営業部 03-5210-4111
https://www.iwanami.co.jp/

新書編集部 03-5210-4054
https://www.iwanami.co.jp/sin

印刷・三陽社 カバー・半七印刷 製本・中永製本

ISBN 978-4-00-431735-7 Printed in Japan

引用経典対照表

- 本書で引用した上座部大寺派のパーリ四部と，それに対応する他部派の阿含を示す．
- 経典全体ではなく本書で取り上げた該当部分のみが対応している場合には，＊をつけた．
- 略号については「主要参考文献」を参照．DĀ, MĀ, SĀ の数字は経典番号を，EĀ の数字は品と経の番号を，T の数字は大正新脩大蔵経によるテキスト番号を指す．
- 各経の本文に相当するサンスクリット写本(断片)が回収されている場合は SMS と記す．各経のチベット語(部分)訳がある場合は TT と記す．

上座部大寺派のパーリ四部		他部派の四阿含
『長部』(*Dīghanikāya*)		
1	梵網経(Brahmajālasutta)	DĀ21, T21, SMS, TT
2	沙門果経(Sāmaññaphalasutta)	DĀ27, EĀ43.7, SMS
5	クータダンタ経(Kūṭadantasutta)	DĀ23, SMS
13	三明経(Tevijjasutta)	DĀ26, SMS
14	大譬喩経(Mahāpadānasutta)	DĀ1, T2, T3, T4, SMS
15	大縁経(Mahānidānasutta)	DĀ13, MĀ97, T14, SMS, TT
16	大般涅槃経(Mahāparinibbānasutta)	DĀ2, T5, T6, T7, SMS, TT
26	転輪王経(Cakkavattisutta)	DĀ6, MĀ70, SMS, TT
27	起源経(Aggaññasutta)	DĀ5, MĀ154, SMS, TT
29	浄信経(Pāsādikasutta)	DĀ17, SMS
31	シンガーラ教誡経(Siṅgālovādasutta)	DĀ16, MĀ135, T16, T17
33	結集経(Saṅgītisutta)	DĀ9, SMS, TT
34	十上経(Dasuttarasutta)	DĀ10, T13, SMS, TT
『中部』(*Majjhimanikāya*)		
14	苦蘊小経(Cūḷadukkhandhasutta)	MĀ100, EĀ41.1, SMS
22	蛇喩経(Alagaddūpamasutta)	MĀ200, EĀ43.5, SMS, TT
26	聖求経(Ariyapariyesanasutta)	MĀ206, EĀ51.4, SMS
35	サッチャカ小経(Cūlasaccakasutta)	SĀ110, EĀ37.10, SMS

36	サッチャカ大経(Mahāsaccakasutta)	SMS(Kāyabhāvanāsūtra)
39	アッサプラ大経(Mahā-assapurasutta)	MĀ182, EĀ49.8, SMS, TT
44	明知小経(Cūḷavedallasutta)	MĀ210, SMS, TT
49	梵天招待経(Brahmanimantaṇikasutta)	MĀ78, SMS, TT
56	ウパーリ経(Upālisutta)	MĀ133, SMS, TT
61	アンバラッティカー・ラーフラ教誡経(Ambalaṭṭhikārāhulovādasutta)	MĀ14, SMS
63	マールンキヤ小経(Cūḷamāluṅkyasutta)	MĀ221, T94, SMS
72	火ヴァッチャゴッタ経(Aggivacchagottasutta)	SĀ962, T100.196, SMS
73	ヴァッチャゴッタ大経(Mahāvacchagottasutta)	SĀ964, T100.198, SMS
77	サクルダーイ大経(Mahāsakuludāyisutta)	MĀ207, SMS
93	アッサラーヤナ経(Assalāyanasutta)	MĀ151, T71, SMS, TT
97	ダナンジャーニ経(Dhanañjānisutta)	MĀ27, SMS
101	デーヴァダハ経(Devadahasutta)	MĀ19, SMS, TT
117	大四十経(Mahācattārīsakasutta)	MĀ189, SMS
120	行生経(Saṅkhāruppattisutta)	MĀ168
135	業分別小経(Cūḷakammavibhaṅgasutta)	MĀ170, T78, T79, T80, T81
136	業分別大経(Mahākammavibhaṅgasutta)	MĀ171, TT
141	諦分別経(Saccavibhaṅgasutta)	MĀ31, T32. cf. MĀ211, EĀ27.1
142	施分別経(Dakkhiṇāvibhaṅgasutta)	MĀ180, T83, SMS, TT
147	ラーフラ教誡小経(Cūḷarāhulovādasutta)	cf. SĀ200
148	六六経(Chachakkasutta)	MĀ86, SĀ323-332, SMS
	『相応部』(*Saṃyuttanikāya*)	
12.2	分別経(Vibhaṅgasutta)	SĀ298, EĀ49.5, SMS
12.15	カッチャーヤナゴッタ経(Kaccāyanagottasutta)	SĀ301, SMS
12.17	裸形カッサパ経(Acelakassapasutta)	SĀ302, T499, SMS
12.24	異学経(Aññatitthiyasutta)	DĀ17*
12.51	考察経(Parivīmaṃsanasutta)	SĀ292, SMS
12.52	執着経(Upādānasutta)	SĀ286, SMS
12.57	若木経(Taruṇarukkhasutta)	SĀ283, SMS
12.65	城邑経(Nagarasutta)	SĀ287, EĀ38.4, SMS
12.67	葦束経(Nalakalapiyasutta)	SĀ288, SMS
20.7	楔経(Āṇisutta)	SĀ1258
22.26	味楽経(Assādasutta)	SĀ14, SMS
22.57	七処経(Sattaṭṭhānasutta)	SĀ42, EĀ41.3, T150a1, T101.27, SMS

22.79	所食経(Khajjanisutta)	SĀ46, SMS
35.13	正覚経(Sambodhasutta)	—
35.23	一切経(Sabbasutta)	SĀ319, SMS
35.72	六触処経(Chapphassayātanikāsutta)	SĀ274*
35.85	空経(Suññasutta)	SĀ232
35.121	ラーフラ経(Rāhulasutta)	SĀ200
41.8	ニガンタ経(Nigaṇṭhasutta)	SĀ574
44.10	アーナンダ経(Ānandasutta)	SĀ961, T100.195, SMS
45.24	道経(Paṭipadāsutta)	SĀ751
55.54	病経(Gilānasutta)	SĀ1122
56.20	如経(Tathāsutta)	SĀ417
56.27	如経(Tathāsutta)	SĀ417
	『増支部』(*Aṅguttaranikāya*)	
2.4.4	施経(Dakkhiṇeyyāsutta)	MĀ127, SĀ992
3.61	外教処経(Titthāyatanādisutta)	MĀ13
3.88	学経(Sikkhāsutta)	SĀ817, SĀ832, SMS
4.28	聖姓経(Ariyavaṃsasutta)	MĀ86*
5.77	未来恐怖経(Anāgatabhayasutta)	—
6.63	洞察経(Nibbedhikasutta)	MĀ111, T57, SMS, TT
8.76	具足経(Upasampadāsutta)	SĀ91*
10.20	聖住経(Ariyavāsasutta)	EĀ46.2
10.207	意思経(Cetanāsutta)	MĀ15, TT

主要参考文献

（略号）

DĀ : *Dīrghāgama*（T1『長阿含経』） EĀ : *Ekottarikāgama*（T125『増一阿含経』） MĀ : *Madhyamāgama*（T26『中阿含経』） MV : *Le Mahāvastu*, É. Senart（ed.）, vol. I–III, Paris, 1882–1897. S. : Sanskrit（サンスクリット語） SĀ : *Saṃyuktāgama*（『相応阿含』＝T99『雑阿含経』） SMS : Sanskrit Manuscript（s）（サンスクリット写本） SV : *The Gilgit Manuscript of Saṅghabhedavastu: being the 17th and Last Section of the Vinaya of the Mūlasarvāstivādin*, Raniero Gnoli（ed.）, vol. 1–2, Roma, 1977–1978. P. : Pāli（パーリ語） T : 大正新脩大蔵経 Tib. : Tibetan（チベット語） TT : Tibetan Translation（s）（チベット語訳）

（一次資料）

パーリ語文献は Pali Text Society 版を，漢語文献は大正新脩大蔵経を，サンスクリット語文献は上記 SV と MV を用いた．

（二次資料）

井狩彌介「輪廻と業」『岩波講座東洋思想第 6 巻 インド思想 2』岩波書店，1988 年．

井狩彌介「ヴェーダ祭式文献に見られる再生観念の諸相」『人文学報』65，1989 年．

石上和敬「施論，戒論，生天論」『印度学仏教学研究』41–2，1993 年．

上杉彰紀「考古学の成果 3 歴史時代」山崎元一・小西正捷編『世界歴史大系 南アジア史 I 先史・古代』山川出版社，2007 年．

永ノ尾信悟「ブラーフマナ文献に見られる思考法」『岩波講座東洋思想第 7 巻 インド思想 3』岩波書店，1989 年．

永ノ尾信悟「儀礼と文化の変遷」奈良康明・下田正弘編『新アジア仏教史 01 インド I 仏教出現の背景』佼成出版社，2010 年．

榎本文雄「āsrava（漏）の成立について――主にジャイナ教古層経典における」『仏教史学研究』22–1，1979 年．

榎本文雄「初期仏典における三明の展開」『仏教研究』12，1982 年．

榎本文雄「初期仏教思想の生成――北伝阿含の成立」『岩波講座東

洋思想第8巻 インド仏教1』岩波書店，1988年.
榎本文雄「初期仏教における業の消滅」『日本仏教学会年報』54，1989年.
榎本文雄「「根本説一切有部」と「説一切有部」」『印度学仏教学研究』47-1，1998年.
榎本文雄「「四聖諦」の原意とインド仏教における「聖」」『印度哲学仏教学』24，2009年.
ウォルター・J. オング『声の文化と文字の文化』桜井直文・林正寛・糟谷啓介訳，藤原書店，1991年.
梶原三恵子「ウパニシャッドと初期仏典の一接点——入門・受戒の儀礼とブラフマチャリヤ」『人文学報』109, 2016年.
片山一良訳『パーリ仏典 長部(ディーガニカーヤ) パーティカ篇I』大蔵出版，2005年.
辛嶋静志『『長阿含経』の原語の研究——音写語分析を中心として』平河出版社，1994年.
後藤敏文「Yājñavalkyaのアートマンの形容語とBuddhaの四苦」『印度学仏教学研究』44-2，1996年.
後藤敏文「サッティヤ *satyá-*(古インドアーリア語「実在」)とウースィア *οὐσία*(古ギリシャ語「実体」)——インドの辿った道と辿らなかった道と」『古典学の再構築』ニューズレター9，2001年.
後藤敏文「インドヨーロッパ語族——概観と人類史理解に向けての課題点検」『ミニシンポジウム　ユーラシア言語史の現在 2004.7.3-4報告書』上，総合地球環境学研究所，2005年.
後藤敏文「古代インドの祭式概観——形式・構成・原理」中谷英明編『総合人間学叢書第3巻』東京外国語大学アジア・アフリカ言語文化研究所，2008年.
阪本(後藤)純子「『梵天勧請』の原型」『印度学仏教学研究』41-1，1992年.
阪本(後藤)純子「*iṣṭā-pūrtá-*「祭式と布施の効力」と来世」『今西順吉教授還暦記念論集 インド思想と仏教文化』春秋社，1996年.
阪本(後藤)純子『生命エネルギー循環の思想——「輪廻と業」理論の起源と形成』龍谷大学現代インド研究センター，2015年.
桜部　建「最も初期の仏教について」『印度哲学仏教学』17，2002年.
桜部　建『阿含の仏教』文栄堂書店，2002年.
佐々木閑「『根本説一切有部律』にみられる仏伝の研究」『西南アジ

ア研究』24，1985 年．

佐々木閑『出家とはなにか』大蔵出版，1999 年．

下田正弘『涅槃経の研究――大乗経典の研究方法試論』春秋社，1997 年．

下田正弘「古代インドの時をめぐって――ヴェーダから仏教へ」聖心女子大学キリスト教文化研究所編『地球化時代のキリスト教――自己変成の途』春秋社，1998 年．

下田正弘「口頭伝承から見たインド仏教聖典研究についての覚え書き」『印度哲学仏教学』17，2002 年．

下田正弘「経典研究の展開からみた大乗仏教」高崎直道監修『シリーズ大乗仏教 1　大乗仏教とは何か』春秋社，2011 年．

下田正弘「初期大乗経典のあらたな理解に向けて――大乗仏教起源再考」高崎直道監修『シリーズ大乗仏教 4　智慧／世界／ことば　大乗仏典 I』春秋社，2013 年．

グレゴリー・ショペン『大乗仏教興起時代――インドの僧院生活』小谷信千代訳，春秋社，2000 年．

杉本卓洲『菩薩――ジャータカからの探求』平楽寺書店，1993 年．

土田龍太郎「隠棲の問題」『東洋文化』73，1993 年
土田龍太郎「釈尊の名号をめぐって」『ことばと文化』6，2002 年．

土田龍太郎「初期仏教家族倫理と婆羅門法」『日本仏教学会年報』69，2004 年．

手嶋英貴「転輪王説話の生成――その始原から「輪宝追跡譚」の成立まで」『人文学報』111，2018 年．

仲宗根充修「中道思想と縁起説」『印度学仏教学研究』53-1，2004 年．

中村　元『ゴータマ・ブッダ』I・II，春秋社，1992 年．

中村　元『原始仏典』ちくま学芸文庫，2011 年．

西　義雄『原始仏教に於ける般若の研究』大東出版社，1978 年．

畑　昌利「舎利弗・目連の旧師サンジャヤ」『印度学仏教学研究』62-2，2014 年．

馬場紀寿『上座部仏教の思想形成――ブッダからブッダゴーサへ』春秋社，2008 年．

馬場紀寿「初期経典と実践」奈良康明・下田正弘編『新アジア仏教史 03 インド III 仏典からみた仏教世界』佼成出版社，2010 年．

馬場紀寿「パーリ仏典圏の形成――スリランカから東南アジアへ」新川登亀男編『仏教文明の転回と表現――文字・言語・造形と思

想』勉誠出版，2015 年.
馬場紀寿「上座部大寺派のパーリ語主義」『パーリ学仏教文化学』29，2015 年.
馬場紀寿「スリランカにおける史書の誕生」『東方学』133，2017 年.
馬場紀寿「小部の成立を再考する――説一切有部との比較研究」『東洋文化研究所紀要』171，2017 年.
林　隆嗣「パーリ註釈文献における sacca の分類――『解脱道論』との比較」『印度学仏教学研究』66-1，2017 年.
平岡　聡『説話の考古学――インド仏教説話に秘められた思想』大蔵出版，2002 年.
平岡　聡『ブッダの大いなる物語 梵文『マハーヴァストゥ』全訳』下，大蔵出版，2010 年.
平川　彰『律蔵の研究』I・II（平川彰著作集第 9・10 巻），春秋社，1999-2000 年.
藤井正人「ヴェーダ時代の宗教・政治・社会」山崎元一・小西正捷編『世界歴史大系 南アジア史 I 先史・古代』山川出版社，2007 年.
藤田宏達「在家阿羅漢論」『仏教思想史論集 結城教授頌寿記念』1964 年.
藤田宏達「原始仏教の倫理思想」三枝充悳編『講座仏教思想第 3 巻 倫理学・教育学』理想社，1975 年.
藤田宏達「原始仏教における因果思想」仏教思想研究会編『仏教思想 3 因果』平楽寺書店，1978 年.
藤田宏達「原始仏教における業思想」雲井昭善編『業思想研究』平楽寺書店，1979 年.
藤田宏達「原始仏教・初期仏教・根本仏教」『印度哲学仏教学』2，1987 年.
藤田宏達「涅槃」『岩波講座東洋思想第 9 巻 インド仏教 2』岩波書店，1988 年.
藤田正浩「心解脱と慧解脱」『印度学仏教学研究』42-2，1994 年.
伏見　誠「祭祀においてつくられる ātman」『インド思想史研究』7，1995 年.
古井龍介「古代の歴史と社会」奈良康明・下田正弘編『新アジア仏教史 01 インド I 仏教出現の背景』佼成出版社，2010 年.
古井龍介「インド亜大陸の社会と仏教」新川登亀男編『仏教文明と

世俗秩序――国家・社会・聖地の形成』勉誠出版，2015年.
ピーター・ベルウッド『農耕起源の人類史』長田俊樹・佐藤洋一郎訳，京都大学学術出版会，2008年.
本庄良文『倶舎論註ウパーイカーの研究 訳註篇』上・下，大蔵出版，2014年.
前田恵学『原始仏教聖典の成立史研究』山喜房仏書林，1964年.
松田和信「中央アジアの仏教写本」奈良康明・石井公成編『新アジア仏教史05 中央アジア 文明・文化の交差点』佼成出版社，2010年.
松田和信「アフガニスタン写本からみた大乗仏教――大乗仏教資料論に代えて」高崎直道監修『シリーズ大乗仏教1 大乗仏教とは何か』春秋社，2011年.
水野弘元『パーリ仏教を中心とした仏教の心識論』改訂版，ピタカ，1978年.
山崎元一『世界の歴史3 古代インドの文明と社会』中央公論社，1997年.
山崎元一「十六大国からマウリヤ帝国へ」山崎元一・小西正捷編『世界歴史大系 南アジア史I 先史・古代』山川出版社，2007年.
渡瀬信之『マヌ法典――ヒンドゥー教世界の原型』中公新書，1990年.
渡瀬信之「ヴェーダ＝ダルマ世界における罪と浄不浄」『インド思想史研究』7，1995年.
渡瀬信之訳注『マヌ法典』平凡社東洋文庫，2013年.
渡辺研二『ジャイナ教　非所有・非暴力・非殺生――その教義と実生活』論創社，2005年.

J. Bronkhorst, *Greater Magadha: Studies in the culture of early India*, Leiden/Boston, 2007.
J. Bronkhorst, *Buddhism in the Shadow of Brahmanism*, Leiden/Boston, 2011.
J. Chung, *A Survey of the Sanskrit Fragments Corresponding to the Chinese Saṃyuktāgama*, Tokyo, 2008.
J. Chung/T. Fukita, *A Survey of the Sanskrit Fragments Corresponding to the Chinese Madhyamāgama: Including References to Sanskrit Parallels, Citations, Numerical Categories of Doctrinal Concepts and Stock Phrases*, Tokyo, 2011.

R. Gombrich, *How Buddhism Began: The Conditioned Genesis of the Early Buddhism*, London, 1996.
S. Hamilton, *Identity and Experience*, London, 1996.
W. Halbfass, *Karma und Wiedergeburt im indischen Denken*, Kreuzlingen, 2000.
P. Harrison, "The *Ekottarikāgama* Translations of An Shigao," P. Kieffer-Pülz/J.-U. Hartmann (ed.), *Bauddhavidyāsudhākaraḥ: Studies on Honour of Heinz Bechert on the Occasion of His 65th Birthday*, Swisttall-Odendorf, 1997.
P. Harrison, "Another Addition to the An Shigao Corpus? Preliminary Notes on an Early Chinese *Saṃyuktāgama* Translation," *Early Buddhism and Abhidharma Thought: In Honor of Doctor Hajime Sakurabe on His Severnty-seventh Birthday*, Kyoto, 2002.
J.-U. Hartmann, "Zu einer neuen Handschrift des *Dīrghāgama*," Christine Chojnacki / J.-U. Hartmann / V. M. Tschannerl (ed.), *Vividharatnakaraṇḍaka: Festgabe für Adelheid Mette*, Bonn, 2000.
J.-U. Hartmann, "Contents and Structure of the *Dīrghāgama* of the (Mūla-) Sarvāstivādins," *Annual Report of the International Research Institute for Advanced Buddhology at Soka University*, vol. 7, 2004.
J.-U. Hartmann, "The *Dīrgha-āgama* of the (Mūla-) Sarvāstivādins: What was the Purpose of this Collection?," Dhammadinnā (ed.), *Research on the Dīrgha-āgama*, Taipei, 2014.
O. von Hinüber, "The Oldest Literary Language of Buddhism," *Selected Papers on Pāli Studies*, Oxford, 1994.
O. von Hinüber/P. Skilling, "Two Buddhist Inscriptions from Deorkothar (Dist. Rewa, Madhya Pradesh)," *Annual Report of The International Research Institute for Advanced Buddhology at Soka University*, vol. 16, 2013.
J. W. de Jong, "The Background of Early Buddhism," *Journal of Indian and Buddhist Studies*, vol. 12, 1964.
J. W. de Jong, "The Study of Early Buddhism: Problems and Perspectives," *Studies in Indo-Asian Art and Culture*, vol. 4 (Acharya Raghu Vira Commemoration Volume), 1974.
J. W. de Jong, "The Beginnings of Buddhism," *Journal of Institute for the Comprehensive Study of Lotus Sutra*, vol. 20, 1994.
J. W. de Jong, "The Buddha and His Teachings," *Wisdom, Compas-*

sion, and the Search for Understanding, Honolulu, 2000.

J. Jurewicz, "Playing with Fire: The *pratītyasamutpāda* from the Perspective of Vedic Thought," *Journal of the Pali Text Society*, vol. 26, 2000.

E. Lamotte, *History of Indian Buddhism from the Origins to the Śaka Era*, trsl. from the French by S. Webb-Boin, Louvain, 1988.

S. Mori, "The Time of Formations of the Twelve Link Chain of Dependent Origination," *Studies in Buddhism and Culture: In honour of Professor Dr. Egaku Mayeda on his sixty-fifth birthday*, Tokyo, 1991.

M. B. Murder et al., "Intergenerational Wealth Transmission and the Dynamics Inequality in Small-scale Societies," *Science*, vol. 326, 2009.

S. Pollock, "Philology in Three Dimensions," *Postmedieval: a Journal of medieval cultural studies*, vol. 5. 4, 2014.

R. Salomon, *Indian Epigraphy*, Oxford, 1998.

R. Salomon, "On the Evolution of Written Āgama Collections in Northern Buddhist Traditions," Dhammadinnā(ed.), *Research on the Madhyama-āgama*, Taipei, 2017.

R. Salomon/J. Marino, "Observations on the Deorkothar Inscriptions and Their Significance for the Evaluation of Buddhist Historical Traditions," *Annual Report of The International Research Institute for Advanced Buddhology at Soka University*, vol. 17, 2014.

J. Stargardt, "The Oldest Known Pali Texts, 5th–6th century; Results of the Cambridge Symposium on the Pyu Golden Pali Text from Śrī Kṣetra," *Journal of the Pali Text Society*, vol. 21, 1995.

R. Thapar, *Readings in Early Indian History*, New Delhi, 2013.

V. Tournier, *La formation du Mahāvastu et la mise en place des conceptions relatives à la carrière du bodhisattva*, Paris, 2017.

T. Vetter, *The Ideas and Meditative Practices of Early Buddhism*, Leiden, 1988.

T. Vetter, *The 'Khandha Passages' in the Vinayapiṭaka and the Four Main Nikāyas*, Wien, 2000.

付記 律蔵の仏伝的記述にあるブッダの教え

第3章の表5「「律」の仏伝的記述における「ブッダの教え」」は，ブッダが「施，戒，生天」と「四聖諦」「十二支縁起」「五蘊」「十八界(・十二処)」を教えたと五部派が共通して伝承していたことを示す．上座部大寺派のパーリ律は Pali Text Society 版，化地部の『五分律』(T1421, vol. 22)と法蔵部の『四分律』(T1428, vol. 22)は大正蔵版，説一切有部は『根本説一切有部律』(SV vol. 1)のサンスクリット写本，大衆部は『大事』(MV vol. III)のサンスクリット写本を用い，表ではそれぞれの校訂本のページ数を挙げている．

【梵天勧請】『五分律』(102c–103a)と『根本説一切有部律』(127)では，パーリ律(1–2)と同様，ブッダは十二支縁起を観察する．『四分律』の梵天勧請の個所(786bc)では「縁起法」に触れるのみで，十二支には触れないが，別の箇所で「十二因縁」に言及する(648ab)．『大事』の梵天勧請の個所(314)では「縁起」に触れるのみで十二支には触れないが，「ビンビサーラ王の出迎え」の場面で「十二支縁起」を説く(446–449)．したがって，五派全ての文献で，縁起を観察したことが説かれ，また十二支縁起が伝承されていた．

【転法輪】『四分律』(788a–789b)，『根本説一切有部律』(134–139)，『大事』(331–340)では，パーリ律(10–14)と同様，ブッダは四聖諦と五蘊を説く．『五分律』(104b–105b)は四聖諦の後で，他に比べ説明が簡略だが，五蘊の「無常・苦・無我」を説く．つまり，五派全ての文献で四聖諦の詳説があり，五蘊の無我が説かれる．

【ヤサ】『五分律』(105b)，『根本説一切有部律』(140–144)，『大事』(408–409, 412–413)では，パーリ律(15–20, 23)と同様，ブッダは次第説法をする．『五分律』(110c)では舎利弗と目連にも次第説法をし，二人は解脱する．『四分律』では，ヤサに対して「布施，持戒，生天の法」を示した後に四聖諦が示されないが(789bc)，別の個所では，続いて「苦・集・滅・道」を説き，聞き手の女性は法眼を得て比丘尼となる(606a)．したがって，まず「施，戒，生天」を説き，その後で四聖諦を説くという形式の次第説法は，五部派の文献全て

で共有されている.

【カッサパ三兄弟】『五分律』(109c),『四分律』(797a),『根本説一切有部律』(230-231)では,パーリ律(34-35)と同様,ブッダは十八界を取り上げる.『大事』(424-432)のみこの説法を欠くが,舎利弗に教えを説く別の個所(66)で十二処を説く.また同じ大衆部の『摩訶僧祇律』は出家者に「陰,界,入,十二因縁」を教えることを定型的に説く(T vol. 22, no. 1425, 295a, 364a, 439a).したがって,十二処・十八界は諸部派に広まっていた.

【ビンビサーラ王の出迎え】『五分律』(110a)と『四分律』(797c)では,パーリ律(36-37)と同様,ブッダは次第説法をする.『根本説一切有部律』はサンスクリット写本を欠くが,漢訳はパーリ律と同様(T vol. 24, no. 1450, 134b),ブッダがビンビサーラ王に対して次第説法を説く.『大事』(446-449)のみ異なり,五蘊と十二支縁起を説く.

図版出典一覧

第1-6章扉　写真提供：大村次郷
図1　山崎元一『世界の歴史3 古代インドの文明と社会』63頁をもとに作成．作図：前田茂実
図2　作図：前田茂実
図3　山崎元一「十六大国からマウリヤ帝国へ」図14をもとに作成．作図：前田茂実
図4　写真提供：大村次郷
図5　著者撮影
図6　写真提供：大村次郷
図7　著者撮影
図8　写真提供：大村次郷
図9　写真提供：古井龍介
図10　写真提供：大村次郷
図11　中村元『原始仏典』28頁をもとに作成．作図：前田茂実
図12　J. Braarvig / F. Liland, *Traces of Gandhāran Buddhism*, Oslo, 2010, p. 7.
図13–16　編集部作成
図17　作図：前田茂実